KB021268

기억해,
언젠가 너의 목소리가 될 거야

기억해,
언젠가
너의 목소리가 될 거야

김청연 지음

꽃이 피기 시작하고, 나무에 새잎이 돋아나는데
내 인생의 봄은 대체 언제 오려나.

공부도 못하고,
딱히 잘하는 것도 없고···.
나는 쓸모가 없는 사람 같아.

어쩌면 세상의 쓸모는 이미 정해져 있는지도 몰라.
완벽하고 멋진 기준 속에서
살아가는 사람들 말이지.

근데 있잖아,

내가 '나'인 건 안 되나?

어른이 되려면 꼭 뭔가 이루어 내야 할까?
그냥 나인 채로 살아가는 건 실패일까?

좋아 보이는 건 많아도 진짜 내가
하고 싶은 게 뭔지 막막하기만 한걸.

공부도 취미나 취향도 그럭저럭인 내가
닿을 곳은 지구 어디에도 없어 보여.

그때 누가 나에게 말을 걸었어.
말로만 듣던, 엄청 멋진 인물들이잖아.

나 자신을 미워하지 않아도 된대.
완벽한 미래를 계획하지 않아도 괜찮대.

왜 그들은 한 번도
실패하지 않았을 거라 생각했을까?

그들이 자라면서 고민한 것들은 나랑 다르지 않더라고.
아니, 나보다 훨씬 더 힘든 점도 많았지.

"나만 세상이 어렵고 힘든 게
아니었군요?"

"그렇고말고.
우리랑 같이 고민하고 생각해 보자."

너에게 우리 이야기가 도움이 되면 좋겠어.
삶이라는 역사는 오늘도 계속 진행 중이니까.

서른여덟 명의 여성에게 보낸 초대장

"꿈이 뭐죠?"

"어떤 사람이 되고 싶죠?"

"좌우명이 뭐죠?"

이런 질문들 앞에서 당황한 경험 있으신가요? 저는 꽤 많았어요. 초등학교 고학년쯤 됐던 걸로 기억해요. "커서 뭐 될래?" 이 질문이 시작이었죠. 학년이 올라가면서 직업, 진로, 삶의 태도에 대한 난이도 높은 질문들이 추가됐던 것 같아요.

그런데 생각해 보면 저 부담스러운 질문들은 모두 "나는 누구인가?"라는 중요한 질문과 연결되어 있더라고요. 그래서 저는 여러분이 큰 부담 없이 위 질문들에 대한 답을 찾아가 보면 좋겠어요. '자꾸들 물어보는데 어디 답 한번 찾아봐?' 하는, 무겁지 않은 마음으로 말이죠.

그냥 "찾아가 보면 좋겠다."고 하면 너무 불친절하죠? 그래서 안내자 역할을 할 만한 이들을 한자리에 모셔 봤습니다. "아하! 이런 생각을 해 볼 수 있구나!" "이런 길도 있었네!" 하고 여러분 삶에 의미 있는 영감을 던져 줄 만한 인물들에게 초청장을 보냈죠. 그리고 이들의 일과 삶 이야기, 삶과 세상에 대한 태도가 묻어나는 목소리를 책에 담아 봤습니다.

이들이 걸어온 길은 무척 다양해요. 아무도 발을 내딛지 않았던 분야에 용감하게 도전해 첫 발자국을 남긴 이들이 있어요. 불공평한 세상에 "그건 아니지요!"라며 당당히 문제를 제기한 이들도 있고요. 또한 사회 공동체에 대한 깊은 고민으로 실천적 행동을 한 이들도 있습니다. 기존에 없던 새로운 시각을 세상에 보여 준 이들 그리고 우리에게 여러 생각거리를 던져 준 작품 속 캐릭터도 초청했습니다.

이들은 '여성'이라는 공통분모를 갖고 있어요. 인류의 오랜 역사가 남성 위주로 기록되었기에 그간 큰 주목을 받지 못했지만 사실 "나는 누구인가?"라는 질문에 대한 답을 찾을 때 도움을 줄 만한 여성 인물들은 정말 많거든요.

그런 점에서 이 책은 여성이라는 이유로 주목받지 못했고, 그래서 더 주목해야 할 여성 인물들의 삶과 그들의 목소리에 귀 기울이자는 제안이기도 합니다. 참고로 서른여덟 명의 이야기를 담은 건 매해 3월 8일, 유엔이 지정한 '세계 여성의 날'에 주목해 보자는 의미도 있어요. 물론 이날 하루만이 아니라 이날을 계기로 우리 사회 속 여성의 지위 및 인권 문제, 여성 인물들의 행보 등에도 관심을 기울이게 되면 좋겠습니다.

자, 읽기 전에 한 가지 약속하기로 해요. 이 책을 통해 여러분이 반드시 무엇이 되어야 한다는 부담은 절대 느끼지 않기로요. 책 속 인물들이 여러분 자신과 주변 사회를 들여다볼 기회를 주고, 현재 고민하는 바에 작은 해결의 실마리를 제공하고, 여러분만의 행복한 길을 찾을 수 있도록 용기를 준다면 그것으로 충분합니다. 그럼 이들의 목소리를 들어 볼까요?

차례

1장　시작해 보겠습니다,
세상을 향한 첫걸음

2장

만들어 보겠습니다,
함께하는 더 나은 세계

3장

목소리를 내겠습니다,
부당함에 맞서

4장 계속해 보겠습니다,
나다운 방식으로

5장 간직하겠습니다,
힘을 건네는 이야기들

시작해 보겠습니다,
세상을 향한 첫걸음

도전과 모험은
누구에게나 열려 있는법

아멜리아 에어하트
(1897~1937)

"어떤 일을 해내는 데
가장 효과적인 방법은 그 일을 하는 것이다."

'할 수 있을까?' '하면 되겠지…….' '잘 안 되면 어떡하지.'

목표는 분명한데 이런저런 생각들이 꼬리에 꼬리를 물고 그 생각에 발목 잡혀 있던 경험. 누구나 한 번쯤 있죠. 새로운 공부를 시작할 때, '내 길이다' 싶은 진로를 발견했을 때, 지금껏 한 번도 해 보지 않았던 일들에 도전해야 할 때……. 잘하고 싶은 마음만 가득한 채 온갖 걱정을 탑처럼 쌓고 있는 나 자신을 발견하곤 해요. 심사숙고하는 신중함도 필요하지만, 때로는 너무 많은 생각과 고민 탓에 추진력은 그 힘을 잃어버리기도 하죠. 최악의 경우, 목표한 일을 제대로 시작조차 못하고 마는 그런 상황이 펼쳐지기도 하고요.

시작해 보겠습니다. 세상을 향한 첫걸음

"뭘 그렇게 생각만 하고 있어? 시작해 보면 되지."

아멜리아 에어하트가 살아 있었다면, 온갖 생각들로 잠 못 이루는 우리에게 이렇게 말하지 않았을까 싶어요.

아멜리아 에어하트는 '대서양 횡단 비행에 성공한 최초의 여성 비행사'예요. 1897년 미국에서 태어난 그는 밝고 씩씩한 아이였어요. 당시 대다수 소녀들과 달리 나무 오르기, 수영, 테니스 등 역동적인 활동을 즐겼죠. 고교 졸업 후 1차 세계대전이 터졌을 때는 부상병을 간호하는 자원봉사를 하기도 했어요. 그때 의학 분야로 진출을 꿈꾸었지만 형편이 좋지 않아 꿈을 포기해야 했답니다.

그러던 1920년 12월 28일, 그의 삶은 큰 전환점을 맞아요. 아버지를 따라 캘리포니아 롱비치 비행장에 갔다 10분간 비행기에 탑승할 수 있는 기회를 얻은 그는 비행이야말로 자신의 '운명'이라 느끼게 됩니다.

"어떤 일을 해내는 데 가장 효과적인 방법은 그 일을 하는 것이다."

자신의 명언처럼, 아멜리아는 운명처럼 다가온 그 일을 해

내기 위해 할 수 있는 실천들을 해 나갑니다. 우선 온갖 아르바이트를 하면서 비행 수업을 듣기 위한 돈을 마련하죠. 이렇게 열심히 비행 공부에 매진한 그는 1922년 역사상 여성 최초로 고도 1만 4000피트 비행에 성공합니다. 그리고 1923년 국제항공연합이 주는 비행사 자격증을 취득해 세계 16번째 여성 비행사가 되죠. 이후 생계를 위해 이민자들에게 영어 가르치는 일을 하면서도 비행에 대한 꿈을 놓지 않았던 아멜리아는 여성 비행경주 속도기록 부문에서 3관왕을 차지하는 등 다양한 비행 기록을 새로 써 나갑니다. 항로, 항공 지도, 항법 시설 등이 제대로 갖춰지지 않았던 당시로서는 목숨을 건 것이나 다름없었지만 아멜리아는 계속 새로운 항공로를 찾아 미국 전역의 하늘을 누볐어요.

1928년 4월에는 두 명의 남자 조종사와 대서양을 횡단하는 이벤트에 동행해 볼 것을 제안받습니다. 당시 대서양 횡단 비행은 수십 시간 걸리는 매우 위험한 여정이었죠. 이들의 비행은 캐나다 뉴펀들랜드에서 출발한 지 20시간 40분 만에 영국 웨일스에 도착하며 대성공합니다.

사람들은 여성 최초로 대서양 횡단 비행에 성공한 그에게 열광했지만 아멜리아는 이 영광이 자기 것이 아닌 것만 같다는 생각을 떨치지 못합니다. 자신이 한 역할은 보조에 지나지 않았다는 생각이 떠나질 않았던 것이죠. 결국 1932년 5월 20일 아멜리아는 직접 혼자 비행기를 몰고 대서양을 횡단하는 또 한 번의 도전에 당당히 나서 이를 성공시킵니다. 아멜리아 스스로 만족할 만한 진정한 '세계 여성 최초 대서양 횡단 비행'을 이때 이뤄 낸 것이죠. 스스로의 힘으로 이룬 이 비행으로 아멜리아는 미국과 프랑스 대통령으로부터 훈장과 메달을 받았습니다.

경제공황에 허덕이던 1930년대, 아멜리아는 존재만으로도 많은 이에게 희망의 이름이 되어 주었어요. 그의 도전과 성공은 수많은 여성들에게 영감을 주었죠. 당시 태어난 여자아이에게 '아멜리아'라는 이름을 붙이는 게 유행일 정도였답니다.

아멜리아를 떠올리면 추진력, 실행력, 모험, 도전 등의 단어가 자연스레 떠오릅니다. 그는 도전을 멈추지 않았거든요. 1937년 6월 1일, 아멜리아는 비행기를 타고 지구를 한 바퀴 도는 엄청난 모험에 나섭니다. 하지만 그는 '록히드 엘렉트라호'에 함께 탄 항법사 프레드 누넌과 비행하던 중 실종되고 맙니다. 그가 탄 비행기가 해상에서 사라진 것이죠. 아멜리아의 마지막은 여전히 밝혀지지 않은 채로 역사에 남아 있습니다.

누구나 목표나 꿈 하나쯤 마음속에 품게 마련이죠. 하지만 그것에 다다르기 위해 뭔가를 하나씩 실천한다는 건 결코 쉬운 일이 아닙니다. 그 실천이 두려울 때 '도전과 모험을 즐겼던 담대한 사람' 아멜리아가 남긴 어록들을 떠올리면 어떨까요. 혹여 실패가 걱정되나요? 그렇다면 아멜리아가 남긴 또 다른 명언도 들려드리죠.

"어떤 나라에 살든, 여자도 남자들이 꿈꾸는 일들을 죄다 할 수 있으면 좋겠어요. 만약 실패한다면 그건 다른 사람에게 또 다른 도전이 될 테니까요."

그의 마지막 비행을 '실패'라고 말하는 사람들을 향해 아멜리아는 아마도 배짱 두둑하게 이렇게 말할 것 같아요.

"대신 내가 또 다른 도전의 기회를 남겨 두고 왔잖아요. 뭐 해요! 어서 움직이지 않고!"

위대한 사람,
당신의 이름은?

마리 퀴리
(1867∼1934)

"두려워해야 하는 것은 아무것도 없다.
이해해야 하는 것이 있을 뿐이다.
지금은 더 많이 이해해야 하는 때다.
그렇게 두려움을 없애야 한다."

"소연 엄마! 나 현준 엄마야!"

버스를 타고 가는 중, 옆 사람의 통화가 들려왔어요. 문득 어릴 적 기억이 떠올랐습니다.

"민석 엄마도 왔어?"

학부모 참관 수업에 온 한 엄마를 다른 친구의 엄마가 이렇게 불렀거든요. 생각해 보면 전화 통화를 할 때도, 동네에서 우연히 만났을 때도 그랬던 것 같습니다.

살다 보면 내 이름이 아닌 내 주변 누군가의 이름으로 불릴 때가 종종 있죠. 누구누구의 딸과 아들, 누구누구의 언니, 동생, 오빠……. 특히 엄마만큼은 본인 이름보다도 '누구누구 엄마' 또는 '누구누구의 아내'라 불리는 경우가 훨씬 더 많은 것 같습니다. 여성이 누구에게, 즉 남성에게 종속된 존재라는 인식이 강했던 시절에는 이런 현상이 더 심했겠죠.

우리에게 '퀴리 부인'이라는 이름으로 더 익숙한 인물, '마리 퀴리'가 살던 시대도 마찬가지였습니다. 마리 퀴리는 1867년 폴란드에서 태어났습니다. 그의 가정은 매우 가난했어요. 그가 열 살이 되던 해 그의 어머니는 세상을 떠납니다.

마리 퀴리는 공립학교에 들어가 성실히 공부해 우수한 성적으로 졸업했어요. 하지만 당시 폴란드에서 여성은 대학에 입학할 수 없었습니다. 게다가 집안 형편도 넉넉하지 못했고요. 이런 상황에서 마리 퀴리와 그의 언니는 한 가지 약속을 합니다. 언니가 먼저 파리에 가서 공부를 하면, 마리 퀴리가 가정 교사를 하며 언니 학비를 마련하고, 언니가 학업을 마친 이후엔 똑같이 마리 퀴리의 학업 뒷바라지를 하기로요. 이런 이유로 마리 퀴리는 열일곱 살부터 가정 교사는 물론이고, 여러 허드렛일을 하며 언니의 학업을 돕습니다. 그리고 1891년 파리에 있는 소르본대학에 입학하게 됩니다.

마리 퀴리는 소르본대학에서 여성으로는 처음 물리학 박사 학위를, 그것도 무척 뛰어난 성적으로 취득하죠. 그 후 대학에서 물질의 결정을 연구하는 과학자 '피에르'를 만나 결혼합니다.

'퀴리'라는 이름은 남편 피에르 퀴리의 성에서 가져온 것입니다.

☆

두 사람은 부부인 동시에 연구의 동반자였습니다. 둘은 방사능 물질 연구에 푹 빠져 지냅니다. 그 결과 폴로늄과 라듐을 발견하는 등 연구 성과를 인정받고 1903년 노벨물리학상을 수상하죠. 하지만 당시 학계와 여론은 그리 호의적이지 않았습니다. 마리 퀴리의 수상이 남편 덕이라는 이야기가 돌기도 했으니까요.

3년 후 1906년 피에르 퀴리는 교통사고로 세상을 떠납니다. 배우자이자 연구 동반자를 잃은 마리 퀴리는 슬픔과 절망 속에 방황합니다. 하지만 다시 마음을 다잡고 1906년 11월 5일, 소르본대학에서 강의를 시작합니다. 그는 이 대학 최초의 여성 교수였습니다. 1911년에는 금속 라듐을 분리해 낸 공로를 인정받아 노벨화학상도 수상합니다. 그의 이름 앞에 '노벨상을 수상한 첫 번째 여성' '노벨상을 두 번 수상한 최초의 과학자'라는 소개가 붙는 이유입니다.

이처럼 우리는 연구자로서의 마리 퀴리 이야기를 많이 들어왔죠. 하지만 그는 전쟁터에서 활약한 적도 있었습니다. 1914년 1차 세계대전 때, 엑스선 장치를 실은 구급차를 마련해 전쟁터로 달려가 수많은 부상병을 치료했습니다.

그의 연구는 훗날 사람들에게 큰 영향을 끼칩니다. 그의 성취는 원자폭탄 발명에 활용되기도 했지만 방사선과 엑스레이 (X-ray) 기술 개발 등 긍정적인 역할도 많이 했습니다.

☆

"두려워해야 하는 것은 아무것도 없다. 이해해야 하는 것이 있을 뿐이다. 지금은 더 많이 이해해야 하는 때다. 그렇게 두려움을 없애야 한다."

마리 퀴리의 삶은 여러모로 녹록치 않았던 것으로 보이지만 생전 했던 말들을 앞에 두면 두려움 따위는 접어 두고 연구에 몰두했던 그만의 진지한 눈빛이 그려집니다. "남편 덕에 노벨물리학상을 받았다."는 소문에도 그가 묵묵히 자기 연구를 계속해 나갔던 이유는 흔들리지 않는 마음가짐에서 비롯된 게 아닐까 싶습니다.

문득 이 인물을 '퀴리 부인'이라 부르는 건 그에 대한 예의가 아니라는 생각이 들었습니다. 그는 누군가의 아내이기 전에 정말 멋진 삶을 산 사람이고 훌륭한 연구자였으니까요. 명석한 두뇌와 뛰어난 재능의 소유자 그리고 연구에 열정을 쏟아부었던 탐구자, 100년이 훨씬 넘은 지금까지 인류에 큰 영향을 미치고 있는 사람. 폴란드어로 그의 진짜 이름은 '마리아 살로메아 스크워도프스카'입니다.

편견을 앞지른
261번의 달리기

캐서린 스위처
(1947~)

"손과 무릎으로 기어가는 한이 있더라도
나는 이 경주를 완주할 거다. 아무도 내가
할 수 있다는 걸 믿지 않기 때문이다."

요즘 곳곳에서 달리는 사람들이 많이 보입니다. 이른 새벽이나 어둑해진 저녁, 땀에 흠뻑 젖은 채 천변을 달리는 이들을 보며 '나도 달려 볼까?' '오늘 달리고 뻗어 버리는 건 아니겠지?' 갖가지 생각을 해 봅니다. 여러 운동 중에서도 달리기는 특히 접근성이 좋은 것으로 손꼽힙니다. 달릴 수 있는 몸만 있다면 특별한 장비 없이 시도할 수 있는 운동이죠.

그런데 특정 사람들에게 "달리기는 안 돼!"라고 말했던 시대도 있었습니다. 그 특정 사람들이란 바로 여성들이었죠. 왜 그랬을까요? "여자니까 치마를 입어야지." "여자니까 조신하게 행동해야 해." 등의 가치관이 있던 시절이었으니 여자가 가벼운 옷차림으로 땀 흘리며 달리기를 하는 게 영 못마땅할 법도 했겠죠.

여성의 달리기를 꺼리고 금기시한 기록도 찾아볼 수 있습니다. 계몽주의 사상가 루소는 "여성이 품위를 잃는 유일한 행동이 달리기"라는 말을 남겼는데…… 말도 안 되는 얘기죠.

상황이 이렇다 해도 역사 속에는 오래전부터 달리는 여성들이 분명 존재했습니다. 다만 저지당했을 뿐이죠. 1896년 아테네 올림픽에서는 이런 일이 있었어요. '멜포메네'라는 여성이 조직위원회의 반대를 무릅쓰고 남자 선수들과 함께 달린 사건이죠. 당시 그는 주최 측의 저지로 인해 트랙이 아닌 경기장 밖을 돌며 레이스를 마칩니다.

또한 1966년 보스턴마라톤 대회에선 '로베르타 깁 빈게이'가 남자처럼 변장하고 숨어 있다 출발하는 일도 일어납니다.

1967년, 캐서린 스위처가 보스턴마라톤 대회에 출전한 사연도 한 편의 영화 같습니다. 캐서린 스위처는 중성적인 이니셜로 대회 등록을 마치고 레이스에 뛰어들죠. 그는 립스틱을 짙게 바르고, 귀고리를 다는 등 자신이 여성임을 숨기지 않고 달린 것으로 알려져 있습니다. 그런데 6킬로미터쯤 달렸을 때 대회 조직위원장이 그를 발견하고는 이렇게 소리치죠.

"레이스에서 당장 꺼지고 그 번호표 내놔!"

지금으로는 전혀 상상이 안 가는 이야기죠? 인터넷 포털 사이트에 '캐서린 스위처 보스턴마라톤'을 찾아보면 바로 확인할 수 있습니다. 가슴에 261번 번호표를 달고 뛰고 있는 캐서린 스위처를 남성들이 밀치거나 붙잡고 있죠. 이 한 장의 사진은 여성들이 달릴 자유를 얻기 위해 얼마나 험난한 여정을 거쳐야 했는지를 말해 주는 상징적 장면입니다.

"손과 무릎으로 기어가는 한이 있더라도 나는 이 경주를 완주할 거다. 아무도 내가 할 수 있다는 걸 믿지 않기 때문이다."

캐서린 스위처는 당시 이런 말을 했어요. 그는 달리기를 멈추지 않고, 죽을힘을 다해 달린 결과 4시간 20여 분의 기록을 남기며 결승선을 통과했습니다. 하지만 결과는 '실격'이었습니다.

결과가 어떠하든, 캐서린 스위처는 이 경기에서 승리한 것이나 다름없어요. 이 일화가 신문에 소개되면서 여성의 달릴 자유에 대한 사회적 논의가 일기 시작했거든요. 4년 뒤인 1971년 뉴욕마라톤은 세계 최초로 여성의 참가를 허용했습니다. 1984년에는 여성 마라톤이 올림픽 정식 종목으로 채택됐고요.

흔히 스포츠 경기를 '자신과의 싸움'이라고 이야기하죠. 이

날 캐서린 스위처가 치른 경기는 자기 자신을 넘어, 사회적 편견에 맞선 싸움이라고 보는 게 더 적절할 겁니다.

50여 년 전 달리는 걸 멈추지 않았던 캐서린 스위처는 지금 어떤 모습으로 살아가고 있을까요? 반갑게도 2017년 보스턴마라톤에서 그를 다시 만날 수 있었습니다. 당시 일흔 살이 된 캐서린 스위처는 50년 전 가슴에 달았던 번호, 261번으로 보스턴마라톤 출발선에 섰습니다. 경기가 끝난 뒤 인터뷰에서 그가 남긴 말은 오래도록 빛이 사라지지 않을, 그런 말이었습니다.

"그때 제가 완주하지 못했다면, 사람들은 여자도 할 수 있다는 것을 믿지 않았을 거예요. 누군가에게 기회를 준다면 그들도 다 할 수 있어요. 자신을 과소평가하지 마세요."

"내가 해 볼 수 있을까?" 하는 고민과 질문이 생기는 데는 나를 둘러싼 사회적 분위기와 시선의 영향도 무시할 수 없습니다. 자기도 모르는 사이 생겨난 편견으로 과소평가하지 말고, 일단 나에게 기회를 줘 보는 건 어떨까요?

왜 내가 수학을
못할 거라고 생각했죠?

"나는 진리와 결혼했노라."

가우스, 피타고라스, 뉴턴……. "여러분이 알고 있는 위대한 과학자나 수학자 이름을 써 보세요."라고 하면 대다수 사람들이 이렇게 적어 낸다고 해요. 이들의 공통점은? 바로 '남성'이라는 점이죠. 왜 수학·과학 분야에는 남성들이 많을까요? 남성에게 이쪽 분야에 더 유리한 유전자라도 있는 걸까요? 우리가 역사적으로 이 분야를 '남성의 영역'이라고 선 그어 버렸기 때문은 아니었을까요?

이와 관련한 흥미로운 연구 결과도 있습니다. 일본 도쿄대 과학기술학과 연구진은 남녀 학생들의 수학·과학·기술·공학 과목에 대한 흥미도와 성적을 좌우하는 요인이 바로 사회 전반적인 분위기라는 연구 결과를 발표했어요. 또한 미국 워싱턴대 연구진은 여학생들이 이공계로의 진학을 기피하고 남학생들에 비해 흥미를 덜 갖는 이유로 해당 분야의 남성적 문화, 어린 시절 노출 정도, 자기효능감(어떤 일을 성공적으로 해낼 수 있다고 믿는 기대와 신념)의 차이 때문이라고 설명했습니다. 이 분야에 적성과 흥미를 가졌던 여성들에게 "여자가 무슨 수학이야?"라는 사회 고정관념이 얼마나 많은 부정적 영향을 끼쳤는지 짐작하게 해 주는 결과죠.

"역사적으로 여성 수학자는 없었잖아요!"

누가 이렇게 반문한다면 그에게 이 인물 이야기를 들려주고 싶어요. 서기 400년경, 이집트의 알렉산드리아에 살던 '히파티아'라는 여성입니다. 그는 역사에 기록된 최초의 여성 수학자로 알려져 있어요. 또한 철학자, 천문학자, 교육자로도 명성이 자자했죠.

히파티아는 철학자, 천문학자이면서 당대 저명한 수학 교수였던 아버지 테온의 영향을 많이 받았습니다. 아버지 대를 이어 수학, 천문학, 철학을 총망라하는 학문 활동에 전념했죠. 테온은 히파티아에게 지식 전달을 넘어 지식을 식별하는 능력도 가르쳤다고 해요. 히파티아가 나고 자란, 알렉산드리아는 당시 세계적인 학문의 중심지로써 그에게 다방면의 균형 잡힌 교육 문화를 접할 수 있는 토대가 되어 주었습니다.

☆

히파티아는 고등 교육을 받기 위해 머물렀던 아테네에서 수학자로서 전문성을 인정받고, 이후 알렉산드리아로 돌아와 학생들을 가르치는 데 큰 능력을 보였어요. 그의 강의를 듣기 위해 각지에서 사람들이 몰려왔고, 대학에서 그를 초빙할 정도였다고 해요.

히파티아는 수학, 천문학 관련 저술 활동도 왕성하게 한 것으로 알려져 있습니다. 하지만 소수 단편적인 자료들이 남아 있고, 대다수는 알렉산드리아 도서관과 함께 완전히 파손됐거나 폭도들이 세라피스 신전을 약탈할 때 분실됐다고 해요.

평생을 연구와 강의에 전념했던 히파티아는 "나는 진리와 결혼했노라."라는 말도 남겼어요. 이는 남성들이 구혼할 때마다 히파티아가 거절의 의미로 던졌던 말이었죠. 실제 그는 독신을 고집하며 죽는 날까지 학문과 연구, 강의에 삶을 바쳤습니다. 히파티아는 종교적으로 중립을 취했지만 이교도 교리로 대중을 선동한다는 모함을 받아 처참하게 목숨을 잃고 말죠.

"우화는 우화로, 신화는 신화로, 불가사의는 시적인 판타지로 가르쳐야만 한다. 미신 따위를 진리처럼 가르치는 것은 끔찍한 일이다."

히파티아가 남긴 말들을 보면 그가 합리주의 정신으로 무장한 진정한 수학자였음을 알 수 있어요.

☆

"나는 진리와 결혼했노라."

당시 수학은 선택받은 귀족 남성들 위주의 학문이었을 텐데 히파티아가 진리를 연구하는 것을 넘어 "결혼했다"라고 자신 있게 말할 수 있었던 이유는 무엇이었을까요? 학문에 대한 열정과 진정성이 그만큼 컸다는 의미겠죠. 그가 남긴 명언과 일화 들을 들어 보면 집념과 의지가 무척이나 강했던 사람이었구나, 하는 생각이 듭니다. 그리고 히파티아가 학문에 전념하게 된 데는 그의 스승이었던 아버지 테온의 역할이 매우 크지 않았을까 짐작해 봅니다.

여러분 주변에는 "여자니까 안 돼!"가 아니라 "네가 하고 싶다면 무엇이든 공부해 봐!"라고 격려해 주는 사람이 있나요? 없다 해도 좌절할 필요는 없어요. 지금은 히파티아가 살던 그때와 비교하면 여성이 학문에 전념하는 것이 전혀 이상하지 않은 시대니까요. 수학이나 과학에 대한 오랜 편견과 장벽이 아직 남아 있긴 하지만 그 벽을 두려워하는 이들에게 히파티아는 배부른 소리는 그만하라는 듯 어깨를 두드리며 지지와 응원을 해 줄 것 같습니다.

✳ 05

대장! 후원자 없는 등반이
행복했던 이유는 뭐였나요?

"내가 리더다. 그리고 내가 결정한다.
당신이 후원자라고 해도."

자유(自由)! 참 멋진 단어죠. 문득 자유의 사전적 의미가 궁금해 그 뜻을 찾아봤어요. '남에게 구속을 받거나 무엇에 얽매이지 않고 자기 마음대로 행동하는 일'이라고 쓰여 있네요. 그런데 자유에는 조건이 따릅니다. 자유가 주어지면 내 뜻대로 모든 걸 결정할 수 있지만 그 결정에 따른 책임을 비롯해 여러 부담도 함께 떠안을 수밖에 없죠. 우리는 종종 리더를 맡은 이를 보며 "자기 뜻대로 할 수 있어 좋겠다."라고 말하지만 그들 마음이 늘 편하지만은 않을 겁니다. 수없이 많은 결정 앞에 서야 하고, 그에 따른 부담과 책임이 숙제처럼 남겨지겠죠.

"내가 리더다. 그리고 내가 결정한다. 당신이 후원자라고 해도."

산악인 '다베이 준코'가 했던 말인데요. 이 말을 떠올리면 자연스레 그를 '리더' '대장'이라고 부르게 됩니다. 다베이 준코는 1975년 5월 16일 지구 최고봉인 에베레스트에 오른 세계 최초의 여성 산악인이에요. 요즘엔 여성 산악인 활동도 활발하지만 1962년 다베이 준코가 대학 졸업 후 등산 클럽에 참여했을 당시만 해도 등산은 남성의 영역이었습니다. 남자는 밖에서 일하고, 여자는 집안일을 하는 게 당연시되던 때였으니까요. 그는 등산 중 동료 산악인 다베이 마사노부를 만나 1966년 결혼했는데 그의 남편은 여성의 사회활동이 제한적이던 당시 자녀를 돌보며 아내의 등반에 대한 열정을 적극 지지했다고 합니다.

1969년 다베이 준코가 결성한 일본 여성산악회의 창립 슬로건은 "여성만으로 히말라야 원정을 가자!"였어요. 그런데 이는 말처럼 쉽지 않았어요. "여자가 무슨 산이냐?"라고 말하는 사람들도 있었죠. 산악회 회원들은 후원 자금을 모으는 과정에서 "여자는 집에 가서 애나 봐."라는 말을 듣기도 했답니다. 요즘 같아서는 뉴스에 나올 법한 이야기죠.

높이 약 8848미터. 다베이 준코가 세계 최고봉 에베레스트를 등반하기까지는 순탄치 않은 일들도 많았어요. 여성 15명에 셰르파 6명으로 구성된 등반 팀은 등반 도중 엄청난 눈사태를 맞기도 했죠. (참고로 셰르파는 히말라야에 사는 티베트계 네팔인으로, 등산대의 안내자이자 짐을 나르는 인부 역할을 맡곤 합니다.) 이때 다베이 준코 역시 눈에 파묻혀 기절했다 셰르파의 도움으로 구조됐어요. 하지만 부상까지 입었음에도 대장 다베이 준코는 팀 상황을 파악한 후 등반을 이어 가기로 결정합니다. 이때 돌아가자고 말한 이들도 있었어요. 바로, 후원사에서 파견된 기자들이었죠.

"내가 리더다. 그리고 내가 결정한다. 당신이 후원자라고 해도."

다베이 준코는 『워싱턴포스트』와의 인터뷰에서 "저렇게 말해야만 했어요."라며 당시를 회상한 바 있어요. 그리고 이런 말도 남겼습니다.

"그 등반 이후, 나는 후원자를 두지 않아요. 그게 훨씬 행복합니다."

여성 산악인이 많지 않던 시절에 세계에서 가장 높다는 에베레스트를 여성이 등반했으니 온갖 미디어가 다베이 준코를 향했겠죠. 하지만 다베이 준코는 이런 주목을 썩 좋아하지는 않았습니다. 그는 자신이 좋아하는 활동에 누군가의 지원이 더해지면 본래의 의미가 퇴색될 수 있다고 생각했던 것 같아요. 스포츠를 비롯해 거의 대부분 분야에서 '스폰서'라는 이름의 지원이 오가는 상황에서 후원을 경계하기란 어려웠을 겁니다. 하지만 준코는 후원이 주는 부담과 압박 그리고 구속보다는 스스로 자유롭게 결정하고 책임지는 등반을 하기로 했죠. 그렇게 등반을 이어 간 그는 1992년 여성 최초로 세계 7대륙 최고봉을 정복하는 놀라운 기록을 세웠습니다.

다베이 준코는 말년에 환경 운동가로서 왕성하게 활동했어요. 그는 매해 수많은 산악인의 방문으로 몸살을 앓는 에베레스트의 환경 악화를 우려한 바 있는데 2000년에는 환경학 연구로 규슈대학원에서 석사 학위도 받았습니다. 지난 2010년 우리나라에 방문한 그는 한 신문과의 인터뷰에서 "1996년 비닐봉지를 들고 쓰레기를 주워 담으며 설악산에 올랐어요."라고 말하기도 했어요. 그가 살아 있다면 청년들과 함께 산에 오르며 플로깅(plogging : 조깅, 등산 등을 하며 쓰레기를 줍는 활동)을 하지 않았을까 상상도 해 봅니다.

다베이 준코의 마지막 등반 이야기도 유명해요. 2016년 7월, 그의 고향인 후쿠시마 지역 고등학생들과 후지산에 오른 게 그의 마지막 등반이었어요. 그는 2012년부터 매해 여름 동일본 대지

진 피해 지역 젊은이들과 함께 '후지산에 오릅시다' 프로젝트를 해 왔는데요. 이날의 등반은 그 일환으로 진행한 것이었어요. 당시 몸이 쇠약해졌던 그는 3010미터 지점까지 올라 정상 3776미터로 향하는 학생들에게 이렇게 격려했습니다.

"힘들어도 한 걸음씩 오르다 보면, 일본에서 가장 높은 봉우리에 닿을 수 있어."

산을 정말 사랑했던 대장, 다베이 준코. 그에게 누가 "자유로운 삶을 살고, 자유롭게 꿈꾸고 싶어요."라고 말한다면, 그는 어떤 조언을 했을까요? 에베레스트에 올랐을 때의 일화 그리고 마지막 등반을 했을 때 다베이 준코가 했던 말에 비춰 보면 이런 답이 돌아오지 않을까 생각해 봅니다.

"네가 결정하는 자유로운 삶과 꿈, 결코 녹록치 않을 수 있어. 무거운 책임과 부담이 함께하겠지. 하지만 한 걸음씩 가다 보면 분명 원하는 지점에 다다를 수 있을 거야."

06

원래 그렇게 해 왔다고
그 길만이 정답은 아니니까

그레이스 호퍼
(1906~1992)

·

에이다 러브레이스
(1815~1852)

"우리에게 가장 끔찍하게 치명적이었던 말은
'지금까지 항상 그렇게 해 왔어'였다."

"배움이 깊어질수록 나는 내가 가질 수 있는
천재성에 대해 더 갈망하게 된다."

앞에서도 비슷한 이야기를 나누었죠. 국어와 미술은 여자, 수학과 과학은 남자. 이렇게 과목에 따라 어울리는 성별이 있다고 생각하던 시절이 있었습니다. 아마 이런 이분법적 고정관념 때문에 특정 분야에 꿈이 있어도 선뜻 진출하지 못한 이들도 있었겠죠? "과학반에는 남자만 있겠지?" 생각하면서 말이죠. 그럴 때 충고랍시고 이렇게 말하는 이들도 있었을 겁니다.

"당연하지! 예전부터 그랬잖아."

만약 그레이스 호퍼가 살아 있었다면 "무슨 소리냐!"고 화를 냈을지 모릅니다. 그레이스 호퍼는 미국의 컴퓨터 과학자이자 해군 제독입니다. '여자가 컴퓨터를?' '여자가 해군?' 혹시 이런 생각을 했나요? 그건 '여자는~' '남자는~' 이라는 고정관념과 편견 때문일 수 있어요.

1906년 미국에서 태어난 그레이스 호퍼는 기계 장치 만지는 걸 매우 좋아하는, 호기심 많은 아이였다고 해요. 일곱 살 나이에 그 원리가 궁금해 알람 시계 일곱 개를 분해했다는 일화가 있을 정도죠. 그의 아버지는 딸의 이런 관심을 대견하게 여기며 학업을 지원합니다.

☆

성인이 된 그레이스 호퍼는 수학 석사, 수리물리학 박사 학위를 받고 교수가 됐어요. 그리고 2차 세계대전 때는 미 해군에 입대합니다. 그가 컴퓨터를 만난 건 하버드대학교의 전산 프로젝트에 투입되면서였어요. 그는 최초의 군용 컴퓨터 '마크 I(MARK I)'을 통해 프로그래밍 언어와 코딩을 배웁니다. 당시 그는 40대였지만 누구보다 프로그래밍에 뛰어난 역량을 발휘했고, 2차 세계대전 후에는 '마크 II(MARK II)' 개발에도 참여합니다.

그는 세계 최초의 '컴파일러(compiler)'를 만들었고, '코볼(COBOL)'을 탄생시키는 데도 큰 영향을 끼칩니다. 컴파일러는 사람이 쓰는 언어와 비슷한 형식의 프로그램 언어를 컴퓨터가 이해할 수 있는 기계어로 번역하는 개념을 뜻해요. 코볼은 일반인부터 전문가까지 누구나 사용할 수 있도록 고안된 비즈니스 프로그래밍 언어를 뜻하는 말이고요.

그레이스 호퍼는 '코딩의 시대'를 연 인물이나 다름없어요. 또한 그는 온통 남자들뿐인 해군에서 무려 40년을 복무한 여성 군인으로도 유명합니다.

"우리에게 가장 끔찍하게 치명적이었던 말은 '지금까지 항상 그렇게 해 왔어'였다."

이는 그레이스 호퍼가 남긴 주옥같은 명언으로 알려져 있습니다. 그는 사무실 시계를 거꾸로 돌아가게 해 놓았다고 해요. 남들과 다르게 생각하기 위해서였죠. 기존에 남들이 해 왔던 그대로를 답습한다면 안전을 담보할 수 있겠지만 새로운 변화를 모색하는 데에는 독이 될 수도 있음을 일찌감치 안 거예요.

그레이스 호퍼의 이야기는 우리가 '여자에게 수학, 과학 그리고 군대는 먼 분야였으니까'라는 생각으로 각자가 가진 무한한 가능성의 날개를 너무 쉽게 접어 버리는 건 아니었나 돌아보게 해 줍니다. 자, 그럼 이제 그레이스 호퍼가 살았던 시대보다 한 세기 더 앞으로 가 볼까요?

☆

　빌 게이츠, 스티브 잡스. 정보통신(IT) 분야에서 우리가 떠올리는 인물들은 대부분 남성이죠. 그런데 그거 아세요? 최초의 프로그래머는 남성이 아닌 여성이었다는 사실을요.

　1815년 영국에서 태어난 에이다 러브레이스는 제멋대로 산 것으로 유명한 시인 바이런의 딸입니다. 딸이 아버지를 닮지 않기를 소원한 그의 어머니는 에이다 러브레이스에게 시가 아닌 수학과 과학 공부를 권합니다. 다행히 아이는 이 방면에서 특별한 재능을 보여 주기 시작하죠.

　에이다 러브레이스는 열여덟 살이 됐을 무렵 과학자이자 수학자, 발명가로 알려진 찰스 배비지를 만나게 됩니다. 배비지가 연구하던 기계식 계산기 '차분 기관'과 자동식 계산기 '해석 기관'에 대해 깊은 인상을 받은 그는 배비지와 사제 관계를 맺고 연구를 이어 가죠.

　에이다 러브레이스는 스무 살 무렵 결혼해 아이를 낳고 기르면서 평범한 귀족 부인으로 살았지만 이런 삶이 만족스럽지는 않았는지 우울증에 빠집니다. 그러던 중 배비지로부터 차분 기관 불어 논문에 대한 영어 번역을 의뢰받고 이 일에 신나게 몰입하죠. 그리고 배비지의 이론을 구체적으로 해석하는 것은 물론

소견과 전망을 담은 책을 완성합니다.

　　에이다 러브레이스가 배비지와의 연구를 바탕으로 쓴 『찰스 배비지의 해석 기관에 대한 분석』에는 현재 컴퓨터 프로그래밍 언어의 중요한 개념인 루프, 점프 등이 담겨 있습니다. 또한 그가 남긴 노트에는 기계가 작동하는 방식을 적은 알고리즘이 기록되어 있었고요.

　　"배움이 깊어질수록 나는 내가 가질 수 있는 천재성에 대해 더 갈망하게 된다."

　　어떤가요? 에이다 러브레이스의 말에는 학문에 대한 그만의 자신감이 가득 묻어나죠?

　　여러분의 관심 분야가 '남성들의 영역'으로 여겨져 왔다 해서 지레 걱정하거나 두려워하지 마세요. 애초 성별에 따라 도전할 수 있고, 도전할 수 없는 영역은 없다는 사실을 에이다 러브레이스와 그레이스 호퍼, 두 사람이 보여 줬으니까요.

07

'여성 사진기자' 아닌
카메라를 든 저널리스트

마거릿 버크화이트
（1906~1971）

"물레 잣는 사람을 찍고 싶으면
그가 왜 물레를 잣는지 생각해 보라.
이해한다는 것은 찍는 일만큼 중요하다."

"여자가 이 무거운 걸 어떻게 들고 다녀?"

"여자가 이 일을 해? 힘들어서 어떻게 하나."

우리나라 지역 곳곳 명소와 문화, 사람들 이야기를 소개하는 다큐멘터리 프로그램. 카메라, 삼각대, 마이크, 조명 등 무거운 촬영 장비를 들고 마을 곳곳을 다니는 여성 프로듀서를 보고 지역 노인들이 이렇게 걱정스러운 말을 건넵니다. 그럴 법도 한 것이 노인 세대가 경험한 직업 세계에서 몸 쓰는 일이나 기술 관련한 일은 대부분 남성의 영역이었거든요.

장비를 들고 다니는 여러 일들이 그렇지만 사진기를 들고 전쟁터로 나가는 일만큼은 예나 지금이나 누구든 쉽지 않을 거예요. 그런데 지금으로부터 약 100년 전, '여성 최초 종군 사진기자'라는 타이틀을 달았던 이가 있었습니다. 바로 마거릿 버크화이트라는 인물인데요, 그는 우리와도 인연이 있습니다. 그는 1950년대 한국전쟁 발발 시 종군기자로 활동하기도 했었거든요.

지금은 기술의 발달로 카메라 장비가 많이 가벼워졌지만 마거릿 버크화이트가 사진기자로 활동하던 1930년대~1950년대에 사진을 찍으려면 매우 무거운 장비를 들고 다녀야만 했습니다. 하지만 그에게 무거운 장비는 아무것도 아니었던 듯해요. 그는 1차 세계대전 후 경제공황과 공산국가의 탄생, 2차 세계대전 발발, 한국전쟁 등 전 세계에 엄청난 혼란과 변화가 일어나던 시기에 사진기를 들고 역사를 기록합니다. 대다수 여성들이 치마를 입을 때 그는 바지를 입고 현장에 뛰어들죠. 당시 카메라를 든 대부분은 남성이었다고 합니다.

마거릿 버크화이트를 세상에 처음 알리게 한 건 사진 잡지 『라이프』 창간호에 실린 '포트 펙 댐' 사진입니다. 그는 당시 하나의 주제를 놓고 이에 대한 여러 장의 사진을 포토에세이식으로 연재했는데요. 이를 통해 단순한 현장 기록이 아닌 '관점'이 담긴 사진을 세상에 선보입니다. 또한 최초로 스탈린의 모습을 찍으며 특종을 터뜨리죠. 2차 세계대전 때는 나치에 의해 벌어진 갖가지 범죄를 사진으로 고발하는 등 그 누구도 찍기 힘든 사진들로 세상을 놀라게 합니다. 수용소에 갇혀 있거나 무참히 살해당한 유태인들의 모습 등 인터넷 포털 사이트에서 그의 사진을 찾아보면 지금도 놀라움을 금치 못합니다. 1950년에 발발한 한국전쟁에서도 그는 사진을 통해 고통받는 여러 사람의 표정과 전쟁의 비극을 포착했어요.

☆

그는 사회적 불평등과 인종차별에도 관심이 많았어요. 소설가인 남편과 함께 미국 남부 인종차별주의에 대해 비판한 책 『You Have Seen Their Faces』(당신은 그들의 얼굴을 보았다)를 1937년 출판하기도 했죠.

마거릿 버크화이트는 사진을 단순한 기술로만 바라보지 않았습니다. 그가 찍은 가장 유명한 사진, 〈간디와 물레방아〉에 얽힌 이야기에는 사진에 대한 그만의 태도와 철학이 보입니다. 그는 2차 세계대전 이후 약소국가와 인종차별 문제 등에 관심을 넓혀 갑니다. 특히 주목했던 건 2차 세계대전 이후 영국 식민지를 벗어난 인도와 인도 독립의 아버지로 불렸던 마하트마 간디였죠. 간디의 역사의식과 사상에 깊은 감명을 받은 그는 간디의 겉모습이 아닌 내면, 정신세계를 담고 싶어 했습니다. 간디 곁에서 그를 제대로 취재하고 싶어 인도의 상징인 물레 잣는 법까지 직접 배웠다는 일화도 유명하죠.

"물레 잣는 사람을 찍고 싶으면 그가 왜 물레를 잣는지 생각해 보라. 이해한다는 것은 찍는 일만큼 중요하다."

당시 마거릿 버크화이트가 남긴 이 말은 사진 역사상 유명한 말로 회자됩니다.

한국전쟁 종군기자로 활동한 버크화이트는 안타깝게도 파킨슨병에 걸립니다. 하지만 그는 주저앉지 않습니다. 18년이라는 긴 시간 동안 투병을 하면서 항공 사진에 눈을 돌려 하늘을 찍죠.

사진은 찰나를 기록하지만 마거릿 버크화이트는 그 찰나를 위해 피사체를 깊이 이해하고 탐구하는 과정을 결코 소홀히 하지 않았습니다. 실제로 그는 "나의 삶과 경력은 우연이 아니었다." 고 말한 바 있습니다. 맞아요. 그가 전장에서 찍은 사진들과 간디를 담은 사진을 보면 이 기록들이 우연이 아닌 부단한 노력과 열정의 결과라는 게 느껴집니다.

그의 이름을 인터넷 포털 사이트에서 찾아보면 카메라와 함께 미소 짓고 있는 모습을 만날 수 있어요. 엄청나게 높은 뉴욕 크라이슬러 빌딩 난간에 올라 사진을 찍고 있는 모습도 인상적입니다. 여자가 바지를 입는 게 일반적이지 않았던 시절, 바지를 입고 무거운 카메라를 든 채 전장을 누비던 마거릿 버크화이트. 전쟁의 참상을 가감 없이 담고, 인물의 겉모습만이 아닌 내면 세계와 사상을 사진에 담고자 했던 마거릿 버크화이트. 그의 모습을 보면 "정말 멋지다!"는 감탄밖에 나오지 않습니다. 역사를 우연이 아닌 진심으로 기록했던 그를 '카메라를 든 여성'이 아닌 '카메라를 든 저널리스트'라 부르고 싶네요.

08

해 보자!
기죽지 말고, 포기하지 말고

"할 수 있다는 자신감을 가져!
못할 게 뭐가 있어!"

다른 사람에게 나를 소개할 때 가장 먼저 말하게 되는 것이 바로 '이름'이죠. 그런데 한 사회가 여자아이 이름을 어떻게 지었는지를 보면 당시 여성을 대하는 사회의 시각이 읽히기도 해요. 과거에는 여자아이가 태어나면 말순, 종순, 막녀 등의 이름을 붙여주었다고 해요. 집안 식구들이 오매불망 기다리던 아들이 아닌 딸이 태어나자, '이제 딸은 그만 낳고 싶다.'는 의미로 이런 이름을 붙여 주는 가정이 많았다죠. 필남, 후남, 막례와 같은 이름도 있었고요. 아이의 탄생을 축하하는 의미는 전혀 없는, 남아선호 사상이 느껴지는 작명 방식이죠.

1901년 평양에서 태어난 권기옥이 집에서 불렸던 이름, '갈례'에도 지독한 남아선호사상의 흔적이 보입니다. 그의 아버지는 손위 자식에 이어 이번에도 딸인 권기옥이 태어나자 "어서 가버려라."라는 의미로 그를 '갈례'라고 불렀다고 해요.

　권기옥은 아버지가 노름으로 재산을 날리고, 어머니 건강이 나빠지는 등 어려운 가정 형편에 집안일을 거드는 건 물론이고, 열한 살의 나이에 은단 공장에서 일하며 가정 생계를 돕습니다. 그런 그가 '권갈례'가 아닌 '권기옥'이란 이름을 얻게 된 건 1912년 숭현소학교에 입학하면서부터였어요.

☆

　아버지가 부른 이름처럼 '어서 가 버렸으면' 정말 큰일 날 뻔했습니다. 권기옥은 우리나라 독립운동사에서 그리고 여성사에서 없어서는 안 될 큰 업적을 남긴 인물이 됐거든요. 일제 치하 시대, 그는 소학교 졸업 후 숭의여학교에 편입합니다. 그리고 그곳에서 스승 박현숙의 영향으로 학내 항일 비밀결사대 송죽회에 가입하고 독립운동에 뛰어듭니다. 송죽회는 해외 독립운동가들을 지원하는 비밀 조직이었죠. 그는 이곳에서 독립운동에 사용할 태극기를 만들고, 만세운동에도 앞장서서 참여합니다. 또한 대한민국 임시정부 공채를 팔아 독립 자금을 지원하는 데도 힘

씁니다. 활동 중 일제에 붙잡혀 가혹한 고문을 겪기도 하지만 독립에 대한 그의 의지는 쉽게 꺾이지 않았어요.

권기옥에게는 꿈이 있었어요. 열일곱 살이던 1917년, 미국인 아트 스미스의 곡예 비행을 본 후로 비행사가 되겠다는 꿈을 품게 되었죠. '비행사가 되어 일본 황궁에 폭탄을 투척하고 싶다.'는 생각도 했습니다.

여자라는 이유로 몇 군데 학교에서 입학을 거절당하는 등 험난한 과정이 펼쳐졌어요. 하지만 그는 이에 굴하지 않았고 임시정부 추천으로 윈난항공학교에 입학하게 됩니다. '우리나라 최초 여자 비행사'는 그렇게 탄생해요. 일본 황궁에 폭탄을 투척하겠다는 꿈을 이루지는 못했지만, 그는 1932년 상하이 사변 때 정찰기를 몰고 참여해 일본군에게 총탄 세례를 퍼붓습니다.

☆

그의 삶을 살펴보면 '의지'라는 단어가 가장 먼저 떠오릅니다. 어떤 힘 앞에서도 쉽게 부서지지 않았던 그는 거꾸로 매달린 채 물고문을 당하면서도 임시정부 활동에 대해서는 절대 입을 열지 않았다고 합니다.

감히 상상해 보건대 그는 자기 연민에 빠져 "불쌍한 내 인생" 소리를 반복하는 이들을 좋아하지 않았을 것 같습니다. 그의 어록은 '유리 멘탈'로 불리는 우리에게 등짝 스매싱을 날려 주는 듯한 느낌을 주기도 해요.

"꿈을 가져! 꿈이 없으면 송장이나 다를 게 없지 않겠어? 특히 젊은이들은 꿈이 있어야 해. 할 수 있다는 자신감을 가져! 못할 게 뭐가 있어!"

인터넷 포털 사이트에서 '권기옥'이라는 이름을 검색하면 이른바 '걸크러시' 매력을 한껏 드러내는 그를 볼 수 있어요. 남편 이상정의 어깨를 마치 의자로 삼은 듯 비스듬히 깔고 앉거나 어깨동무하듯 남편과 시동생의 어깨를 감싸는 모습은 당시에 무척 파격적인 행동일 수 있었을 텐데요. 이런 기록은 권기옥과 남편 사이 평등한 관계를 짐작해 보게 합니다. 아이를 갖지 않았던 그는 1975년 대한민국의 모든 젊은이가 내 자식이라는 마음으로 전 재산을 장학 사업에 기탁했습니다.

지금으로부터 100여 년 전 조선의 파일럿으로 활약했던 권기옥은 제도나 관습에 얽매이지 않았던 사람이었음이 분명해 보이죠? 또 한 번 말하지만 만약 '갈례'라는 이름처럼 정말 가 버렸으면 우리 역사에 엄청난 손해였을 겁니다. 아마 당시 남아선호사상에 대해 권기옥은 "거참! 웃기지도 않네."라며 별것 아니라는 듯한 표정을 지어 보였을지도 모르겠어요.

"기죽지 마, 못할 게 뭐가 있어!"

모진 고문에도 흔들리지 않았던 '여성 독립운동가'이자 '우리나라 최초의 여성 비행사'라는 꿈을 이뤄 낸 권기옥의 말은 사이다처럼 시원한 일침으로 다가옵니다.

만들어 보겠습니다,
함께하는 더 나은 세계

09

당신의 용기를
함께 이어 갑니다

레이첼 카슨
(1907~1964)

"자연의 반복되는 후렴구에는 치유의 힘이 있다.
밤이 지나면 동이 트고, 겨울이 지나면
봄이 온다는 안전감 같은 것."

"'용기내 챌린지'에 참여해 보세요!"

동네 음식점에서 포장 주문을 하는데 가게 직원이 이렇게 권유를 합니다. '무슨 말이지?' 순간 멈칫했습니다. '용기를 내라는 애긴가? 그러잖아도 평소 용기는 잘 발휘하는 편인데? 그럼 다른 사람들한테 용기를 북돋워 주라는 의미일까?' 그 의문은 직원의 설명 덕에 금세 풀렸습니다.

"요즘 플라스틱으로 인한 환경오염 문제가 심각하잖아요. 그런 의미에서 가정에서 쓰는 다회용기로 음식 포장을 하자는 취지의 캠페인입니다."

아하! 그러니까 여기서 말하는 용기는 물건을 담는 그릇을 뜻하는 '용기'(容器)였던 겁니다. 한데 가만히 생각해 보면 '씩씩하고 굳센 기운'을 뜻하는 단어 '용기'(勇氣)로 해석해도 괜찮겠다는 생각이 들었어요. "플라스틱 포장재 말고, 이 용기에 담아 주세요."라고 말할 수 있는 것 또한 '용기'니까요.

'용기내 챌린지'에 대한 생각을 하다 한 인물의 용기(勇氣)가 문득 떠올랐습니다. 1962년 『침묵의 봄』이라는 책을 통해 살충제가 자연 생태계를 어떻게 파괴하는지 적나라하게 알렸던 사람, 바로 레이첼 카슨입니다.

1907년 미국에서 태어난 레이첼 카슨은 해양생물학자이자 작가입니다. 어린 시절 책과 자연을 좋아했던 그의 꿈은 작가가 되는 것이었습니다. 그는 펜실베니아 여자대학에서 문학을 공부했으나 전공을 생물학으로 바꿉니다. 이후 존스홉킨스 대학에서 해양생물학 석사 학위를 받은 후엔 미국 어류·야생동물국에서 꽤 오랜 시간 근무합니다. 그는 과학적 지식과 시적인 문체가 결합된 산문을 잘 썼어요. 이런 필력은 1951년 『우리 주변의 바다』(The Sea Around Us)를 발표하면서 세계적인 성취와 인정을 얻게 돼요. 대중 과학 작가로 명성을 얻은 그는 공직 생활을 접고 집필에 전념합니다.

그는 1차 세계대전 이후 미국에서 살포된 살충제나 제초제로 사용된 유독 물질이 생태계에 미치는 영향에 관심을 기울입니다. 그리고 유독성 화학 물질이 생태계 먹이사슬을 통해 무서운 속도로 퍼지고 축적되면서 생태계 질서가 무너지는 것은 물론 인간에게도 악영향을 끼친다는 사실을 책으로 써 내려가죠. 『침묵의 봄』이 바로 그 책입니다.

『침묵의 봄』이라는 제목은 살충제를 무분별하게 사용하면 이에 대한 곤충의 내성이 증가할 뿐 아니라, 곤충을 먹이로 삼는 새들까지 죽게 되어 봄이 와도 새들의 노래를 들을 수 없게 된다는 일종의 경고입니다.

☆

하지만 이런 책을 냈을 당시 그를 비난하는 이들도 많았다고 해요. 미국 농무부, 화학 공업 회사, 대농장주 등 여러 곳에서 그의 연구에 비난을 퍼부었죠. 특히 살충제 회사들은 그의 책을 감정적이라며 폄하하기도 했습니다. 레이첼 카슨은 이에 굴하지 않았어요. 유방암 투병 중이었음에도 청문회에 참석해 적극적으로 문제의 심각성을 알렸습니다. 안타깝게도 그는 『침묵의 봄』 출간 2년 후 세상을 떠납니다. 이 책은 그가 암과 싸우며 필사적으로 써 내려간 역작이었죠.

레이첼 카슨의 노력과 용기는 다행히 세상을 바꾸는 데 큰 영향을 끼칩니다. 그의 책을 읽은 케네디 대통령은 전국적인 대규모 조사를 건의합니다. 결국 미국 의회는 1969년 국가환경정책법안을 통과시키고, 이후 미국 각 주에선 DDT(유기염소계 살충제) 사용 금지 조치가 내려집니다.

"자연의 반복되는 후렴구에는 치유의 힘이 있다. 밤이 지나면 동이 트고, 겨울이 지나면 봄이 온다는 안전감 같은 것."

레이첼 카슨이 생전에 했던 이 말 속에는 자연의 섭리에 대한 그만의 신뢰와 경외감이 담겨 있는 듯합니다. 그는 『침묵의 봄』을 통해 이런 말도 했습니다.

"자연을 통제한다."는 말은 생물학과 철학의 네안데르탈 시대에 태어난 오만한 표현으로, 자연이 인간과 인간의 편의를 위해 존재한다는 의미로 이해된다."

그간 인류가 과학을 도구 삼아 얼마나 오만한 태도로 자연을 통제하고, 군림해 왔는지 돌아보게 하는 말이죠. 지금의 심각한 환경오염 문제는 인간의 오만함에서 비롯된 것이나 다름없어 보입니다. 환경오염으로 인한 각종 자연 재앙이 일어나는 지금의 사태를 보면 레이첼 카슨은 뭐라고 말할까요?

"화학 살충제가 생태계에 얼마나 악영향을 끼치는지 제가 경고했었잖아요! 지금 여러분이 쓰는 일회용 플라스틱은 또 다른 살충제나 다름없어요. 그러니 여러분 모두 용기를 내셔야 합니다!"

이렇게 말하지 않았을까요? 그리고 60여 년 전 용기를 냈던 그와 같이 행동하는 많은 이들을 응원하고 있지 않을까요? 오늘 용기를 들고 용기 내어 말해 보면 어떨까요? "플라스틱 말고 이 다회용기에 담아 주세요."라고 말이죠.

10

아름다움의 비밀을 알고 싶은
이들에게 전하는 말

저런 얼굴로 살면
어떤 기분일까?

"인생에서 꼭 붙들어야 할 최고의 것은 서로이다."

어렸을 때, 한 상점 벽에 걸린 누군가의 옆모습 사진을 넋 놓고 바라봤던 적이 있습니다. 단정하게 빗어 묶은 머리카락, 진한 눈썹, 자연스럽게 각이 진 턱선, 오뚝한 콧날. 주인공은 시선을 살짝 아래로 향한 채 생각에 잠긴 것처럼 보였습니다. 정면 사진도 아닌데 옆모습만으로 보는 이를 빨려 들게 하는 마력이 있었죠.

이 사람, 누굴까요? 주인공은 '세기의 요정' '전 세계에서 가장 아름다운 얼굴' 그리고 '사회 운동가' '평화주의자' 등 다양한 이름으로 불렸던 배우 오드리 헵번입니다.

아마 여러분도 한 번쯤 본 적이 있을 법한 이 사진은 전 세계 사진가들 사이에서 '인물 사진의 교과서'라고 불리는 유섭 카쉬가 찍은 것입니다. 이 사진과 관련한 흥미로운 일화도 있습니다. 1956년 이 사진을 찍을 당시 유섭 카쉬는 오드리 헵번에게 이렇게 말했다고 해요.

"당신의 내면에는 '상처받기 쉬운 연약함'이 보입니다."

이 말을 들은 오드리 헵번은 2차 세계대전 때 힘들었던 자신의 어린 시절 이야기를 털어놨죠. 오드리 헵번의 어린 시절 그리고 이와 연결되는 노년의 행보는 그가 어떤 성정(性情: 타고난 본성)을 지녔는지, 왜 그가 '아름다운 사람'으로 불리는지 그 이유를 말해 줍니다.

오드리 헵번은 1929년 5월 4일 벨기에에서 태어났어요. 여섯 살 되던 해 그의 아버지는 나치 추종자가 되어 가족을 버립니다. 그의 어린 시절은 굶주림의 나날이었습니다. 독일군이 식량을 모두 수탈해 가는 바람에 먹을거리를 구하려고 쓰레기통을 뒤졌고, 튤립 뿌리 등을 먹으며 간신히 하루하루 생을 이어 갔죠. 이런 환경 속에서도 소녀 오드리 헵번은 발레리나라는 꿈을 키워 나갑니다. 그리고 나치에 대항하는 활동에도 용감하게 뛰어들었어요. 네덜란드 레지스탕스 밑에서 소식지를 배포하기도 했습니다.

☆

　오드리 헵번은 1948년 〈7교시〉라는 네덜란드 영화에 단역으로 처음 출연하면서 영화계에 첫발을 내디뎠어요. 이후 〈젊은 아내들의 이야기〉라는 영국 영화 출연을 계기로 미국으로 진출했고, 〈로마의 휴일〉〈사브리나〉〈티파니에서 아침을〉 등으로 큰 주목을 받으며 세계적인 스타로 발돋움하죠. 그는 대표작 〈로마의 휴일〉을 통해 앞머리를 일자로 자른 뱅 헤어, 날씬한 허리가 강조되는 A라인 플레어 스커트, 깔끔한 화이트 셔츠 등 이른바 '헵번 스타일'을 유행시키기도 했어요.

　많은 사람들이 그의 아름다운 미모뿐 아니라 '잘록한 허리'로 대표되는 가녀린 몸매에도 주목했는데요. 그래서인지 인터넷에는 그의 이름을 붙인 다이어트 비법 관련 글들도 적지 않게 보입니다. 사실 아직까지도 우리 사회에는 '날씬해야 예쁘다.' '무조건 마르고 볼 일이다.' 등의 외모 지상주의가 남아 있죠. 그런데 오드리 헵번이 자신의 몸매를 부러워하며 무리하게 다이어트를 하는 이들을 봤다면 무슨 말을 했을까 궁금해지기도 해요.

　많은 이가 오드리 헵번의 마른 몸을 부러워했지만, 그가 비쩍 말랐던 이유는 2차 세계대전 당시 굶주림으로 인한 병마와 무관하지 않다고 합니다. 그는 전쟁이 끝나고 배우가 된 후에도 영양실조로 인한 후유증으로 각종 질병에 시달려야 했어요. 전쟁은 마음에도 큰 상흔을 남겼습니다. 그가 1959년 영화 〈안네의 일기〉 출연 제안을 거절했던 건 전쟁의 트라우마가 너무 컸기 때문이었죠. 오드리 헵번은 동갑내기 유대인 소녀 안네 프랑크와 달리 자신은 살아남았다는 죄책감에 시달렸다고 합니다.

하지만 오드리 헵번이 자기 자신을 전쟁의 피해자로만 남겨 둔 것은 아니에요. 노년기 오드리 헵번의 시선은 굶주림과 병으로 힘들어하는 지구촌 어린이들에게 향하죠.

1988년 유니세프(유엔아동기금) 친선대사가 된 그는 소말리아, 수단, 에티오피아, 방글라데시 등 50여 개국 빈민촌과 난민촌을 찾아 구호 활동을 펼치기 시작합니다. 직장암으로 죽음을 앞둔 1992년 9월까지도 소말리아를 방문해 "이곳 아이들의 굶주림에 관심을 가져 달라."고 세상에 호소합니다. 전 세계 굶주리는 아이들 모습에서 과거 쓰레기통을 뒤지며 생활했던 자신의 모습이 겹쳐 보였던 걸까요? 실제로 그는 1989년 한 인터뷰에서 이런 말을 했습니다.

"나 역시 2차 세계대전 때 음식과 의료 지원을 받았던 사람이기 때문에 유니세프가 아이들에게 얼마나 큰 힘이 될 수 있는지 압니다."

'유명 스타니까' '돈이 많을 테니까' 그리고 '비슷한 경험을 했으니까'……. 오드리 헵번의 선한 영향력에 색안경을 끼고 바라보는 이들도 있지만 저는 생각이 좀 다릅니다. 가진 게 많고 유명한 데다 비슷한 경험을 했다고 해서 누구나 힘든 사람들의 손을 잡는 건 아니니까요.

☆

"인생에서 꼭 붙들어야 할 최고의 것은 서로이다."

오드리 헵번은 이 아름다운 말을 남겼습니다. 함께 살아간다는 것의 진정한 의미와 가치를 알았기에 그 마음을 전해 준 것이겠죠.

문득 이런 생각도 해 봅니다. 인물 사진의 대가 유섭 카쉬가 오드리 헵번에게서 미처 읽어 내지 못한 무언가가 하나 더 있지 않았을까요. 그의 내면에 '상처받기 쉬운 연약함'도 보였겠지만, 한편으로는 누군가의 아픔과 상처를 읽어 내고 끌어안을 수 있는 '강하고 따뜻한 성정'이 숨겨져 있었다는 것을 말이죠.

오드리 헵번의 이런 선한 영향력은 자녀들에게도 고스란히 전해졌습니다. 그거 아세요? 세월호 참사 1주기 때 우리나라에 '기억의 숲'을 조성하자고 처음 제안한 이가 바로 오드리 헵번의 아들 션 페러였습니다.

"나도 이렇게 아름다운 얼굴로 살아 보고 싶다!"

오드리 헵번을 보며 이렇게 부러워하는 사람들이 많습니다. 오드리 헵번은 가족들 앞에서 샘 레븐슨의 시를 유언처럼 읊으며 그의 '아름다움의 비결'을 말해 주고 떠났습니다. 그 일부를 여러분께 전해드릴게요.

"날씬한 몸매를 갖고 싶으면 배고픈 사람과 음식을 나누어라. 아름다운 머리카락을 갖고 싶다면 하루에 한 번 어린이가 손가락으로 너의 머리를 쓰다듬게 하라."

11

더 많은 이가 당신을 기억하고
이름을 부른다면

메리 시콜
(1805~1881)

"시간은 위대한 회복자이고,
가장 슬펐던 기억마저도 즐거운 추억으로
바꿔 주지요."

　세상에 잘 알려지지 않았지만 알려지면 좋을, 의미 있는 인물을 찾아 나서는 것에는 그만의 즐거움이 있습니다. 그런 면에서 저는 신문 '인물면' 보는 걸 참 좋아해요. 우리가 보는 신문과 잡지에는 크고 작은 비중으로 다양한 사람들 이야기가 실리죠. 그 속에서 이전엔 몰랐던 인물들을 발견하는 순간이 즐겁습니다. '이런 직업인도 있었네!' '이런 삶을 살 수도 있구나!' 발견의 재미를 맛보며 즐거운 감탄이 나오기도 합니다.

　비슷한 이유로 초상화 보는 것도 좋아합니다. 종종 인터넷 포털 사이트에서 '역사 인물 초상' 등을 검색해 눈길이 가는 얼굴을 클릭하고, 그에 얽힌 이야기들을 찾아봅니다. 또는 이미 알고 있던 인물이지만 '대체 어떻게 생겼을까?' 궁금한 마음에 얼굴을 검색해 보기도 해요. 여기에 더해 초상화 전시가 열리면 직접 전시장에 가 보기도 합니다. 초상화 속 인물의 표정과 의상, 배경 등을 통해 그에 대해 몰랐던 정보를 얻거나 그와 관련한 다채로운 상상을 펼쳐 볼 수도 있거든요.

2021년 한 초상화 전시에 갔다가 이름 모를 노인의 모습 앞에서 한참 서 있던 적이 있어요. 다른 초상화와 비교하면 매우 작은 크기의 그림이었는데 이상하게 그 앞에서 시선이 머물게 되더라고요. 그림 속 주인공은 주름진 얼굴의 흑인 여성 노인이었습니다.

사실 이 인물 앞에서 발길이 머물렀던 이유는 그의 왼쪽 가슴에 달린 세 개의 훈장 때문이었어요. '얼굴만 봐서는 누군지 모르겠는데 이 훈장은 뭘까?' 그림 옆에 붙은 설명이 그 의문을 풀어 주었죠.

메리 시콜. 그는 영국 빅토리아 시대에 활동했던 간호사였어요. 스코틀랜드인 아버지와 자메이카인 어머니 사이에서 태어난 그는 어릴 때부터 어머니로부터 약초에 대한 지식과 전통 요법 등을 전수받았고, 이를 이용해 간호원을 운영했죠. 그러다 1853년 크림전쟁이 발발하고, 간호 인력이 부족하다는 소식을 듣고 전쟁터에서 간호사로 활동하고자 지원합니다. 하지만 여러 곳에서 인종차별을 이유로 거절당한 것으로 알려져 있어요.

그런 상황이었지만 메리 시콜은 자신의 뜻을 접지 않습니다. 재산을 털어 최전방에 간호원을 마련해 부상 입은 병사들을 치료해 주죠. 의료 인력과 약품이 부족한 상황에서 여러 병사들이 쓸쓸히 죽어 가는 모습도 많이 봅니다. 병사들은 그를 '어머니'라는 호칭으로 불렀다고 해요, 실제 가족처럼 말이죠.

메리 시콜은 전쟁 이후 가난에 허덕입니다. 그의 사정을 알게 된 영국의 한 매체는 그를 돕자는 캠페인을 벌였고, 많은 이가 그에게 도움의 손길을 내밉니다. 그중에는 크림전쟁 때 그에게 치료를 받았던 병사들도 많았어요.

그럼 초상화 속 그의 왼쪽 가슴에 달린 훈장 세 개에는 어떤 사연이 숨어 있을까요? 이는 병사들이 크림전쟁 때 메리 시콜의 공헌을 세상에 알리면서 각각 터키, 영국, 프랑스에서 받은 것이라고 합니다.

"시간은 위대한 회복자이고, 가장 슬펐던 기억마저도 즐거운 추억으로 바꿔 주지요."

메리 시콜이 남긴 이 말 뒤에는 이어지는 이야기가 더 있을 것 같아요. 전쟁터에서 부상을 입고 병상에 누워 있는 병사들에게 그는 아마도 이런 말을 해 주지 않았을까요? "그러니까 힘을 냅시다. 곧 건강한 모습으로, 가족이 있는 곳으로 우리 모두 갈 수 있어요."라고요. 너무 고통스러운 순간 '그래도 시간이 흘러가고 있다. 우리에게는 다른 미래를 맞이할 수 있는 가능성이 있다.'라는 사실은 한 줄기 희망이 되잖아요. 세 개의 훈장을 가슴에 단 메리 시콜은 이렇게 슬펐던 한 시절을 추억으로 곱씹는 듯합니다.

메리 시콜의 업적은 오래도록 조명받지 못하다가 지난 2004년 초상이 발견되면서 재조명되었다고 해요. 이 초상화는 현재 런던에 있는 국립초상화갤러리에 전시되어 있답니다. 런던 세인트 토머스 병원에 가면 그의 동상도 볼 수 있어요.

메리 시콜 이야기를 들으면 우리가 잘 몰랐던, 역사 속에 잊힌 인물들을 재조명하는 작업의 중요성을 생각해 보게 되죠. 하지만 메리 시콜은 아마도 이렇게 말할지 모르겠어요.

"저에 대한 조명은 중요하지 않아요. 그보다는…… 더는 전쟁은 없었으면 좋겠고, 아픈 사람들도 없었으면 하는 게 제 바람입니다."

그럼 저는 "아뇨, 당신은 더 많이 알려져야 해요."라고 답하고 싶어요. 메리 시콜, 당신의 이름을 더 많이 알리고 더 오래 기억하겠습니다.

* 12

끊임없이
'우리'를 고민했던 사람들

무럭 무럭
자라거라 ^.

제인 구달
(1934~)

"내가 할 수 있는 최소한의 일은
자기 자신을 위해 그러지 못하는 이들을 위해
목소리를 내는 것이다."

왕가리 마타이
(1940~2011)

"나는 내가 할 수 있는
최선을 다하고 있어."

팬데믹 일상이 시작된 지 2년이 지나갑니다. 시간 참 빨리 흘러갔죠? 처음에는 이 바이러스가 언제 어디서 온 것인지, 어떻게 하면 확산을 막을 수 있는지에 관심들이 많았어요. 물론 지금도 확산을 막고 종식을 위한 노력이 계속되고 있지만, 최근에는 더 근본적인 고민과 해결이 필요하다는 목소리도 많이 들려옵니다. 여러 학자들의 분석 가운데서도 이 인물의 이야기는 유독 귀를 쫑긋 세우게 하는 힘이 있었어요. 누구일까요? 바로 세계적인 동물학자이자 환경 운동가인 제인 구달입니다.

영국에서 태어난 아이는 어릴 때부터 동물을 좋아했어요. 어느 날은 닭이 알 낳는 모습을 보고 싶어 닭장 안에서 몇 시간

웅크리고 있다 '실종신고 아동'이 되기도 했죠. 1939년 아버지가 2차 세계대전에 참전하면서 영국 남부 해안 지역인 버치스에서 살게 된 그는 그곳에서 자연을 접하고 동물에 관한 책을 읽으며 언젠가 아프리카로 가겠다는 꿈을 꿉니다. 그 꿈은 1956년 친구 부모님의 초대로 아프리카를 방문하며 이루게 되죠. 제인 구달은 그곳에서 만난 고고학자 루이스 리키 박사 영향으로 침팬지 연구를 시작합니다.

☆

1960년 침팬지의 땅인 탄자니아 곰비 지역에 터전을 잡은 그는 40년간 침팬지를 연구했죠. 연구 초기, 그는 침팬지가 도구를 사용한다는 사실을 발견합니다. 당시만 해도 도구를 제작하고 사용하는 건 오로지 인간만이 지닌 능력이라는 통념이 지배적이던 때라 그의 연구는 엄청난 화제가 됩니다.

침팬지는 그에게 단순한 연구 대상이 아닌 가족이자 친구였어요. 제인 구달은 침팬지가 애완용, 동물원 서커스단용, 의학용 등으로 수난을 당한다는 사실을 알고 침팬지 보호에 앞장서기 시작하거든요. 실제 아프리카에서는 벌목으로 인해 침팬지의 서식지인 밀림이 사라지고 있었습니다. 침팬지는 점점 멸종 위기에 처했죠. 이에 제인 구달은 제인구달연구소(JGI)를 설립해 침팬지 등 포획된 동물 보호에 적극적으로 임합니다.

그는 제인구달연구소를 통해 환경보호운동 '루츠 앤 슈츠' (Roots and Shoots)도 시작합니다. 1991년 아프리카 젊은이들로부터 시작된 이 운동은 모든 생명체에 좀 더 좋은 환경을 주자는 뜻에서 진행하는 프로그램인데요. 각각 루츠(Roots)는 '뿌리', 슈츠(Shoots)는 '새싹'을 뜻하죠. 루츠 앤 슈츠는 뿌리가 땅 밑에서 생명의 튼튼한 기초 역할을 한다면 새싹은 약해 보이지만 해를 받아 벽을 뚫을 수 있는 힘을 갖고 있다는 의미입니다.

지난 2003년 한국을 방문한 제인 구달은 언론 인터뷰를 통해 "인간이 만들어 낸 모든 환경, 사회 문제를 극복할 방안을 모두 함께 찾아보자는 것."이라며 이 프로그램의 취지를 설명한 바 있습니다. 루츠 앤 슈츠가 퍼뜨린 씨앗은 전 세계에 뿌리를 내리고, 가지를 뻗어 가며 여러 나라에서 진행 중입니다.

☆

자, 그렇다면 코로나19의 근본 원인과 해결에 대한 제인 구달의 생각이 궁금해지죠? 2021년 4월, 제인 구달은 내셔널 지오그래픽 다큐멘터리 〈제인 구달의 희망〉 개봉에 앞서 이루어진 전화 회견에서 "코로나19의 대유행은 인류의 동물 학대와 자연 경시 태도에서 비롯됐다."라고 지적했어요. 우리가 숲을 파괴하면 숲을 근거지로 삼던 동물들이 인간과 가까이 살 수밖에 없고, 이로 인해 질병이 전염되기 쉬운 환경이 만들어진다는 설명이었습니다.

물론 그렇게 만들어진 바이러스는 인간에게 감염을 전파할 가능성도 크겠죠. 그는 또한 야생동물이 식용으로 팔리고, 수십억 마리 동물이 집약적인 사육 농장에서 길러지는 공장식 축산의 문제도 지적했습니다. 이런 조건에서 바이러스가 동물로부터 인간에게 전염될 조건이 만들어지기 때문이죠.

"내가 할 수 있는 최소한의 일은 자기 자신을 위해 그러지 못하는 이들을 위해 목소리를 내는 것이다."

제인 구달의 여러 명언 중에서 한 가지 고르라면 저는 이 말을 손꼽고 싶어요. 문득 인간의 탐욕과 이기심 탓에 땅을 잃어버린 동물들과 점점 더 황폐해지는 지구에서 살아갈 미래 세대에게 미안함을 품고 연구하고 행동하는 제인 구달의 모습이 그려집니다. 실제 침팬지와 함께 있는 그의 사진들을 보면 자연과 동물, 즉 생명을 향한 그만의 따스한 온도가 느껴져요. 지금도 인간이 우리 자신의 것이 아닌 자연과 그 속에서 살아온 동물들에게 얼마나 큰 결례를 범했고, 범하고 있는지 반성하게 됩니다.

☆

제인 구달이 '침팬지의 어머니'로 불렸다면 이 인물은 '나무들의 어머니'로 불리고 있어요. 케냐의 환경 운동가이자 정치인이었던 왕가리 마타이입니다.

1940년 케냐에서 태어난 그는 노벨평화상을 수상한 최초의 아프리카 여성으로 유명합니다. 그가 환경 운동가로 알려지기 시작한 건 1977년, 환경단체 '그린벨트 운동'을 창설하면서부터였어요. 무분별한 국유지와 공유지 개발 탓에 당시 케냐 사람들은 물 부족과 가난으로 힘들어하고 있었죠. 여성들은 땔감과 식수를 얻기 위해 매일 수십 킬로미터를 걸어야 했고요. 이를 알고 충격을 받은 왕가리 마타이는 여성들에게 나무 심는 법과 자립할 수 있는 법을 알려 주어야겠다고 생각합니다. 이렇게 시작한 그린벨트 운동은 아프리카 전역에 3000만 그루 이상의 나무를 심는 엄청난 운동으로 이어지죠.

왕가리 마타이에게 나무를 심는 일은 여러 측면에서 의미가 있었습니다. 이는 자연을 지키는 운동이면서 가난한 여성들에게 일자리를 마련해 주는 운동이었어요. 개발 이권을 독점한 부패한 정치 권력에 맞선 민주화 운동이기도 했고요.

왕가리 마타이는 2004년 노벨평화상 수상 연설에서 언급한

'벌새' 일화로도 유명합니다. 숲에 불이 나서 번지는 상황이 되자 모든 동물이 숲 주변으로 달아나 불길을 구경했어요. 하지만 벌새만은 그러지 않았죠. "불을 끄기 위해 할 수 있는 일을 해 봐야겠어!" 말한 벌새는 가까운 물가에 가서 부리에 물 한 방울을 담았죠. 그리고 불길 위로 날아 그 물방울을 떨어뜨리는 일을 반복합니다. 주변 다른 동물들이 비웃자 벌새는 이에 굴하지 않고 이렇게 말했다고 해요.

"나는 내가 할 수 있는 최선을 다하고 있어."

당시 연설을 통해 이 이야기를 들려준 그는 덧붙여 이렇게 말했습니다.

"60억 인류가 벌새가 되어 한 사람 한 사람이 평생 나무 열 그루를 심는다면 지구온난화 문제를 해결할 수 있을 겁니다."

어떤가요? 정말 벌새 한 마리, 두 마리, 세 마리의 '최선'이 모인다면 못할 게 뭐가 있을까 하는 생각이 들지 않나요?

'침팬지의 어머니' 그리고 '나무들의 어머니'가 남긴 빛나는 말들은 기후위기 그리고 코로나19 감염병 시대, 공동체를 위해 우리가 해야 할 일들이 무엇인지 그 답을 제시하죠. 흥미롭게도 두 사람의 말을 잘 이어 보면 수없이 외쳐도 손색이 없는 귀한 다짐이 되기도 합니다.

"내가 할 수 있는 최소한의 일에서부터(제인 구달), 내가 할 수 있는 최선을 다해 보자(왕가리 마타이)."

13

어린이는 서툴고 부족하기만 한
존재라고 생각하나요?

"교육은 박제된 나비들에게 덧셈과
뺄셈을 가르치는 것이 아니라 나비의 날개에 꽂힌
핀을 뽑아 자유롭게 하늘을 나는 법을
알려 주는 것이다."

"요린이! 처음으로 찜 요리에 도전하다! #요린이"

우연히 SNS 채널을 보다 보니 이런 글과 함께 갈비찜 사진이 올라와 있더라고요. 입맛을 다시며 사진을 살펴봤는데 문득 글에 나오는 '요린이'라는 말에 눈길이 머물렀습니다. 대체 무슨 뜻일까 하고 찾아보니 '요리'와 '어린이'의 합성어라고 하네요. '요리를 처음 해 보는 사람' '요리에 서툰 사람' '요리 초보자'를 의미한다는 설명이 달려 있었습니다. 각각 부동산, 주식, 헬스 초보를 뜻하는 '부린이' '주린이' '헬린이' 등의 말도 유행한다는 설명까지 친절하게 쓰여 있었죠.

순간 그런 생각이 들었습니다. 그냥 주식 초보, 초보 부동산

투자자, 헬스 입문자라고 하면 될 것을 굳이 왜 뭔가를 처음 해 보는, 서툴 수 있는 초보자의 의미로 '어린이'라는 말을 가져온 걸까. 어린이를 그저 '서툰 사람' '부족한 게 많은 사람'으로 협소하게 바라보는 건 아닐까 싶었어요. 이 말을 저만 이상하게 느낀 건 아니었나 봐요. 국제아동인권센터가 "의도하지 않았더라도 어린이를 미성숙한 존재나 불완전한 존재로 생각하는 등 차별이 될 수 있기 때문에 이 합성어 사용을 자제하자."라고 제안했다는 기사도 보이니까요.

만약 이 인물이 이런 식의 어휘가 쓰이는 걸 알았다면 무척 화가 났을 거라는 생각이 들었어요.

"내 인생은 어른들에게는 알려지지 않은 세계에 바칠 것이다. 그것은 바로 어린이들의 세계다."

이 말을 남긴 사람, 마리아 몬테소리입니다.

☆

우리는 '몬테소리'라는 말을 유치원, 어린이용 교구 등에서 자주 만나게 됩니다. 맞아요, 모두 이 인물에서 유래한 이름입니다.

1870년 이탈리아에서 태어난 마리아 몬테소리는 유복한 가정 환경에서 외동딸로 자랐습니다. 보수적인 아버지는 딸이 평범한 여성으로 자라길 바랐지만 딸의 생각은 달랐습니다. 총명했던 것으로 알려진 이 아이는 훗날 로마대학 의과 대학에 들어가 이탈리아 최초의 여성 의사가 됩니다. 그리고 1896년, 의사가 되던 그해 독일 베를린에서 열린 국제여성권리대회에서 여성의 사회적 지위와 임금 문제에 대한 연설로 크게 주목받죠.

로마대학 부속 정신병원 보조 의사로 의사 생활을 시작한 몬테소리는 이 시기에 자신이 걸어가야 할 길을 발견합니다. 그는 임상 사례를 찾기 위해 로마의 한 사회복지시설을 방문했을 때, 그곳에 동물처럼 수용되어 있던 지적장애 아이들을 마주하게 됩니다. 그리고 로마 인근 공원에서 구걸하는 어머니와 옆에서 종잇조각을 갖고 놀며 행복해하는 아이를 보며 아동 교육자가 되기로 결심하죠.

1907년, 그는 로마에서 가장 가난한 곳에 빈민을 위한 탁아소 겸 교육 시설을 엽니다. 당시 사회에서 어린이는 통제해야 하는 존재로 여겨졌어요. 주입식 교육과 체벌이 당연시되던 시기였죠. 하지만 몬테소리는 어린이를 잠재력을 품고 있는 한 사람의 인격체로 바라봤습니다. 그리고 그들에게 필요한 것은 주입식 교육이 아닌 각자의 눈높이에 맞춘 교육임을 강조했습니다. 이런 철학을 바탕으로 어린이집의 의자, 책상 등 모든 가구는 아이들이 직접 들어 옮길 수 있는, 작고 가벼운 것으로 만들었습니

다. 또한 아이들의 오감을 자극하는 교구들과 장난감도 마련해
두었죠.

이른바 자발성, 독립성, 창의성을 강조한 '몬테소리 교육법'
은 전 세계로 알려져 스페인, 미국, 캐나다, 멕시코, 뉴질랜드, 인
도, 중국 등에 몬테소리 아카데미가 세워졌어요. 이 교육법은 교
사나 부모가 주입하거나 주도하는 게 아니라 아이들 스스로 알고,
익히고, 깨닫게 하는 교육이라는 데 방점을 찍고 있었죠. 이런 교
육 철학은 무솔리니의 파시즘이 사회를 지배할 동안 탄압받기도
합니다. 무솔리니의 파시즘은 한마디로 '자유를 억압하는' 것이
거든요. 당시 이탈리아에서는 국가의 이익을 위해서라면 개인의
자유를 억압해도 된다는 전체주의 이념이 팽배했어요.

"교육은 박제된 나비들에게 덧셈과 뺄셈을 가르치는 것이
아니라 나비의 날개에 꽂힌 핀을 뽑아 자유롭게 하늘을 나는 법
을 알려 주는 것이다."

이 말은 어린이 교육의 새로운 장을 열었던 몬테소리가 했던
말이에요. 그는 어린이라는 존재를 그 자체로 인정해 주고, 그들
의 다양한 가능성을 믿어야 한다고 보았습니다. 그리고 어린이

라는 나비가 자유롭게 훨훨 날도록 도움을 주어야 한다고 생각했죠.

하지만 여전히 우리 사회 어른들은 어린이를 유리관 안에 가두고 자신들이 원하는 방식의 가르침을 주입하는 데 익숙합니다. 몬테소리의 말은 온갖 조바심, 걱정을 핑계로 어린이를 통제하고 감시하는 데 익숙해진 어른들에게 던지는 경고로 들리기도 해요.

문득 또 다른 궁금증이 생겨 '어린이'의 뜻을 사전에서 찾아봤습니다. "'어린아이'를 대접하거나 격식을 갖추어 이르는 말"이라고 하네요. 하지만 요린이, 부린이, 헬린이에서 보듯 우리는 어린이의 서툰 면만 부각해 바라보죠. "뭐 말 하나로 그렇게 물고 늘어지냐?"고 한다면, 어린이 대상의 폭력이 만연한 이때 의식적으로 어린이라는 존재를 귀하게 여겨야 할 이유는 정말 많다고 말하고 싶네요.

다행히도 이 뜻에 공감하는 어른들도 많아지고 있는 것 같습니다. 얼마 전 한 가게에서 받은 영수증에 적혀 있던 문구가 기억납니다. '어린이 인격 우대 가게'. 몬테소리가 이걸 본다면 박수를 치며 "그 가게 어딘가요? 소문 좀 내야겠네요."라고 말할 것도 같아요.

* 14

그 어떤 이유로도
용납할 수 없는 것, 폭력

아스트리드
린드그렌
（1907~2002）

"우리의 부엌 선반에
작은 돌멩이를 하나 올려 두면
좋겠습니다."

어느 휴일 아침, 이웃집 아이 울음소리에 일찍 눈이 떠졌습니다. "그러니까 아빠랑 엄마가 그거 만지지 말라고 했어, 안 했어! 대답! 대답을 하라고!" 아이 부모가 소리를 지르자 울음소리는 더욱 커집니다. "뭘 잘했다고 울어, 울기를!" 울음이 멈추지않자 퍽 하는 소리가 들립니다. 아이가 더 크게 울어 대지만 부모는 아랑곳하지 않고 매를 몇 대 더 휘두릅니다. '내다보기라도할까?' 주저하다 그냥 마음을 접었던 그때의 기억이 제게는 큰죄책감으로 남아 있습니다.

"우리 때는 다 맞고 컸어."

"사랑의 매야."

"훈육을 위해 부모가 체벌 좀 한다는데 누가 뭐래?"

이런 이유를 대며 아이에게 손찌검을 하는 어른들은 지금도 적지 않습니다. 다행히 '자녀를 보호 또는 교양하기 위해서 필요한 징계를 할 수 있다.'라는 민법 제915조 징계권 조항은 2021년 1월 삭제됐습니다. 이제 우리나라는 부모의 자녀에 대한 체벌을 법적으로 금지하는 나라가 됐죠. 스웨덴이 1979년 세계 최초로 자녀 체벌을 금지한 지 40여 년 만의 일입니다.

스웨덴이 체벌을 법으로 금지시킨 데는 1978년 한 동화 작가의 연설이 큰 영향을 끼쳤습니다. 아스트리드 린드그렌. 알듯 말듯한 이름인가요? 『내 이름은 삐삐 롱스타킹』을 쓴 작가라고 하면 누구나 알 겁니다. 맞아요, '말괄량이 삐삐'를 탄생시킨 바로 그 동화 작가입니다.

1907년 스웨덴에서 태어난 린드그렌을 그냥 '작가'라 하기에는 그가 어린이 인권을 위해 이룬 업적이 정말 큽니다. 스웨덴 남부 지방 한 농가에서 태어난 그는 열여덟 살 때 지역 신문사에서 일하던 중 편집장인 기혼남과 사랑에 빠져 덜컥 임신을 합니다. 1920년대 미혼모가 된다는 건 당시로서는 세상의 온갖 비난과 멸시를 받을 일이었지만, 그는 남자의 청혼을 거절합니다. 그리고 덴마크로 건너가 낳은 아들을 한 위탁 가정에 맡긴 후 스톡홀름으로 돌아와 닥치는 대로 일을 하죠. 그는 시간과 돈이 생길 때마다 아들을 보기 위해 덴마크와 스톡홀름을 오갑니다. 아마도 그는 자신이 선택한 삶을 꿋꿋하게 헤쳐 나가려 애썼던, 책임감 강한 사람이었던 것 같습니다.

『내 이름은 삐삐 롱스타킹』이 나오게 된 배경도 흥미롭습니다. '삐삐'라는 캐릭터는 그의 딸 카린에게서 나온 것입니다. 일곱 살이던 해 폐렴을 앓아 병상에 있던 카린을 보살피던 린드그렌은 어느 날 딸로부터 "재미있는 이야기를 해 주세요."라는 요청을 듣게 됐고, 덕분에 엉뚱했던 유년 시절을 떠올리며 이야기를 풀어놓습니다. 이 이야기들이 바로 『내 이름은 삐삐 롱스타킹』의 출발이 됐던 겁니다. 늦은 나이에 동화 작가로 입문한 린드그렌은 이후 100여 권이 넘는 동화로 전 세계 어린이들의 친구가 됩니다.

여러분이 꼭 알아주었으면 하는 사실은 린드그렌이 작품으로만이 아닌 실제 일상생활을 통해서도 어린이들의 행복한 삶을 지켜 주었다는 점입니다. 앞서 말했듯 그가 1978년 독일 출판서점협회 평화상을 받으며 남긴 시상식 연설은 스웨덴 체벌 금지법이 나오는 데 결정적인 역할을 합니다. 그는 인류가 폭력을 근본적으로 종식하려면 군비 축소를 먼저 논할 게 아니라 부모가 자녀에게 가하는 폭력부터 없애야 한다고 외쳤어요. 이 연설을 계기로 1979년 스웨덴은 세계 최초로 아동 체벌을 금지하는 법안을 통과시킵니다.

린드그렌 연설문의 마지막 부분은 지금도 많이 회자됩니다. 어느 말썽꾸러기 아이가 있었습니다. 아이가 하도 말썽을 부리자 그 아이의 엄마는 난생처음 매를 들어야겠다 마음먹고, 아이에게 직접 회초리를 구해 오라고 합니다. 한참 후 아이는 울면서 돌아옵니다.

"회초리는 찾지 못했어요. 대신 엄마가 저한테 던질 수 있는 돌멩이를 구해 왔어요."

엄마는 아이가 돌멩이를 구해 온 마음을 헤아리고 오열합니다. '엄마는 나를 아프게 하고 싶어 해. 그렇다면 돌멩이도 괜찮지 않을까.' 그 후 아이의 엄마는 절대로 폭력을 쓰지 않기로 마음먹습니다. 그리고 그 다짐을 잊지 않기 위해 부엌 선반에 돌멩이를 올려 두죠.

이런 이야기를 들려주며 린드그렌은 "우리의 부엌 선반에 작은 돌멩이를 하나 올려 두면 좋겠습니다."라고 말합니다. 그는 아동에 대한 폭력을 '체벌'이나 '아동 학대'가 아닌 '폭력' (violence)이라고 지칭했습니다. '사랑의 매'는 그 어떤 이유로도 용납할 수 없는 폭력이라고 본 것이죠.

시대가 많이 변했고, 체벌을 금지하는 법안도 나왔지만 여전히 우리 사회는 린드그렌이 말한 '돌멩이'의 깨달음이 필요합니다. 이 깨달음이 꼭 부모에게만 필요한 건 아니겠죠. 그 어느 날 이웃집 아이의 울음소리를 외면했던 저를 비롯해 세상의 모든 이에게 필요한 깨달음일 겁니다.

15

무조건적인 희생의 아이콘이 아닌,
유능한 전문 직업인

"천사는 아름다운 꽃을 뿌리고 다니는 사람이 아니라,
고뇌하는 사람을 위해 싸우는 사람일 것이다."

'코로나19 현장, 백의의 천사들' '묵묵히 희생하고 헌신하는 백의의 천사'.

코로나19 상황이 한참 좋지 않을 때 각종 언론에서는 이런 제목들로 의료 현장에서 환자들을 보살피고 돌보는 간호사들 이야기를 기사로 다뤘어요. 간호사들의 노고를 기억하고 알리려는 의미는 알겠지만 뭔가 아쉬움이 들기도 했습니다. 백의의 천사, 희생, 헌신이라는 표현이 자칫 이들이 하는 일을 봉사의 개념으로 좁혀 버리는 건 아닐까 싶었죠. 저 역시 어릴 때부터 '간호사＝백의의 천사＝희생＝헌신'이라는 생각을 하며 자랐던 것 같거든요.

'백의의 천사'라고 하면 자연스럽게 떠올려지는 인물이 있죠. 바로 나이팅게일입니다. 한데 나이팅게일의 일과 삶, 그가 했던 말들을 살펴보면 그는 우리가 일반적으로 떠올리는 천사와는 많이 다릅니다. 그 이야기를 한번 들어 보실까요?

본명, 플로렌스 나이팅게일. 그는 영국의 부유한 상류층 가정에서 태어났어요. 신앙심이 두터웠던 그는 간호사가 되어 병들고 다친 이들을 돌보는 걸 삶의 사명으로 여겼어요. 당시 간호사는 사회에서 각광받거나 사람들이 선망하는 직업이 아니었지만 그는 자기만의 사명으로 간호사라는 꿈을 이룹니다.

나이팅게일을 단순히 간호사로만 기억한다면 그가 해낸 다양한 일들을 너무 비좁게 바라보는 셈이에요. 그는 환자를 돌보기도 했지만 병원 보급 및 관리, 심지어 환자 급식 등 병원 업무 전반에 관여했고 이를 개선하는 데 힘을 썼습니다. 이런 활약상은 크림전쟁 야전병원에서도 발휘됩니다. 성공회 간호사들을 이끌고 전쟁터에 도착한 그는 의료 환경부터 바꿔 나갔어요. 벌레가 들끓는 야전병원을 깨끗한 건물로 이전하고, 환자 위생을 개선하는 데 힘썼습니다.

그는 전사하는 병사보다 제대로 치료받지 못해 죽는 병사가 두 배 이상일 정도로 좋지 않았던 상황을 개선하는 데 집중합니다. "상황이 열악하니 도와주세요."라는 식으로 무작정 지원을 요구하는 방식은 전혀 아니었습니다. 나이팅게일은 통계를 통해 구체적인 근거를 제시했죠. 그는 열악한 보건 위생 문제를 개선하기 위해 군인 사망자 수와 그 원인 등을 그래프로 시각화한 보고서를 제출하고, 이를 바탕으로 영국의 지원을 받아 냅니다. 이는 실제 영국군 사망률을 눈에 띄게 낮추는 결과로 이어지죠.

☆

나이팅게일은 통계학자, 사회 개혁가로도 활발히 활동했습니다. 그는 어릴 때부터 기록과 정리를 좋아했습니다. 여행을 가면 여행지의 법률과 토지 시스템 그리고 사회 상황 등을 꼼꼼하게 기록했어요. 병원 통계 표준화에도 앞장선 그는 왕립 통계학회 최초의 여성 정회원으로 선출됩니다. 또한 현장 데이터를 치밀하게 수집하고, 통계로 재구성하는 능력을 바탕으로 사회 개혁가로서 면모를 보여 주기도 하죠.

"천사는 아름다운 꽃을 뿌리고 다니는 사람이 아니라, 고뇌하는 사람을 위해 싸우는 사람일 것이다."

그의 말을 들으면 우리가 그간 나이팅게일에 대해 너무 틀에 박힌 천사 이미지를 덧씌우고 있었던 건 아닌가 싶습니다. 알려진 바에 따르면 나이팅게일은 냉철하고 고집 있는 성격이었다고 하죠.

실제 나이팅게일의 별명은 '백의의 천사'가 아닌 '망치를 든 여인'이었습니다. 의료품 보급에 문제가 생기면 직접 망치를 들고 군 창고의 자물쇠를 부쉈기 때문에 붙여진 별명이라고 합니다.

진짜 별명을 듣고 나니 그동안 알고 있던 이미지와는 사뭇 다른 느낌이 드나요? 그는 희생과 헌신으로 대표되는 이미지의 천사가 아닌, 날카로운 눈으로 야전병원을 진두지휘하는 전문 간호인이었습니다. 그 마음속엔 "전장에서 고통받는 이들을 위해 함께 싸우겠다."는 다짐이 있었을 거고요.

나이팅게일의 이야기를 듣고 있으면 우리가 특정 직업에 대해 얼마나 많은 편견과 고정관념을 갖고 있었나 돌이켜 보게 돼요. 물론 어떤 일이든 그 일만이 가진 보편적 특징은 있겠죠. 하지만 그로 인해 각자의 개성과 가능성을 배제해 버리는 경우도 많습니다. '희생하고 헌신하는 백의의 천사'. 나이팅게일이 이말을 들었다면 어떤 반응을 보였을까 상상해 봤어요.

"그게 중요한 게 아닙니다. 지금 이 사태를 감당하기에는 시스템이 제대로 갖춰져 있지 않아요. 한 명의 간호 인력이 여덟 시간 넘게 방호복을 입고 생활하는 건 현실적으로 말이 안 됩니다. 어떤 지원이 얼마나 필요한지 제가 구체적인 데이터를 뽑아 봤습니다. 살펴봐 주세요. 그리고 덧붙이고 싶은 말이 있습니다. 간호사를 비롯해 의료진은 '천사'가 아닙니다. 전문 직업인이죠."

목소리를 내겠습니다,
부당함에 맞서

16

어둠은 두렵지 않아요,
빛을 찾으면 되니까

"우리는 어둠을 접할 때 빛의 중요성을 깨닫습니다.
우리는 아무 말 없이 가만히 있어야 할 때
목소리의 중요성을 깨닫습니다."

2021년 8월, 이슬람 무장 조직 탈레반이 아프가니스탄을 점령했다는 끔찍한 소식을 접했습니다. 무엇보다 가장 걱정이 되는 건 여성들, 그중에서도 10대 여성들이었어요. 탈레반은 과거 아프가니스탄을 통치할 때도 여성의 인권을 무자비하게 억압해 왔습니다. 여성은 초등학교 이상 교육받지 못했고, 남성 보호자 없이는 외출조차 할 수 없었습니다. 엄격한 종교법에 따라 도덕 규범을 위반한 여성에게 공개 채찍형을 내리는 등 탈레반은 여성 인권 탄압으로 악명이 높습니다. 우리에게는 너무 당연해서 의식조차 못하고 있는 일들을 하지 못한 채 살아가는 여성들이 지구 어딘가에 존재하고 있는 거예요.

이런 상황에서 『뉴욕타임스』 기고문을 통해 "아프가니스탄 자매들이 걱정된다."며 "역내 강국들이 여성과 어린이 보호에 적극적으로 나서야 한다. 우리는 아프간 여성과 소녀 들의 목소리에 귀 기울여야 한다."고 목소리를 높인 이가 있습니다. 그의 이름은 말랄라 유사프자이. 이슬람 무장 조직 탈레반의 총격으로부터 살아남은 최연소 노벨상 수상자입니다.

말랄라 유사프자이는 1997년 7월 파키스탄에서 태어났습니다. 그의 자서전에 따르면 파키스탄은 "아들이 태어나면 축포를 쏘고 딸이 태어나면 커튼 뒤에 숨기는 나라"이지만, 교육·인권 운동가였던 그의 아버지는 남녀공학 학교를 운영하며 여성도 교육받을 기회를 누려야 한다고 강조하는 진보적인 교육자였어요. 말랄라는 이런 아버지의 영향을 많이 받은 것으로 알려져 있습니다.

2009년 1월 3일, 말랄라 유사프자이는 영국 BBC의 우르두어 (파키스탄 3대 공용어) 홈페이지에 익명으로 연재를 시작합니다. 이를 통해 탈레반 치하의 파키스탄에서 소녀들이 학교에서 사라지고 마침내 자신이 다니던 학교도 폐교되었음을 전 세계에 알리기 시작하죠. 익명 연재가 퍼뜨린 반향은 매우 컸습니다. 이 이야기는 다큐멘터리로 만들어지기도 했어요. 하지만 신분이 노출되면서 말랄라는 살해 위협을 받습니다. 급기야 2012년, 집으로 가는 버스에서 말랄라는 탈레반 무장 대원의 총격을 받아 머리와 목, 어깨에 총상을 입습니다.

이 사건은 파키스탄 여성들의 교육 문제에 대해 국제사회가 관심을 갖는 아주 중요한 계기가 됩니다. 탈레반의 억압에 짓눌려 있던 파키스탄 여성들은 말랄라의 총격 소식을 듣고 용기를 내기 시작합니다. "내가 바로 말랄라다(I am Malala)."라는 문구가 새겨진 티셔츠를 입은 여성들이 파키스탄의 거리를 가득 메웁니다.

"내가 말랄라다."

사실 이 말은 탈레반이 던졌던 질문에 대한 대답이었습니다. 그들은 말랄라가 타고 있는 버스에 올라타 물었거든요. 이 중에 "누가" 말랄라인지 말이죠. 그러고 나서 총격을 가한 것이었고요.

다행히 말랄라는 건강을 회복합니다. 탈레반의 위협에도 아랑곳하지 않고 여성과 어린이의 교육에 대한 다양한 활동을 펼쳤고, 세계 정상들을 만나 자신이 하는 일들의 중요성을 지속적으로 알려 왔습니다.

만 열여섯 살 생일이던 2013년 7월 12일, 말랄라가 유엔에서 했던 연설은 많은 이에게 감동을 줍니다. 참고로 유엔은 이날을 '말랄라의 날'로 지정했습니다.

"우리는 어둠을 접할 때 빛의 중요성을 깨닫습니다. 우리는 아무 말 없이 가만히 있어야 할 때 목소리의 중요성을 깨닫습니다. 우리는 말의 힘과 파급력을 믿습니다. 오늘은 자신의 권리를 위해 목소리를 높인 모든 여성, 모든 소년, 모든 소녀를 위한 날입니다. 책과 펜을 듭시다. 그것이야말로 가장 강력한 무기예요. 한 명의 아이, 한 명의 선생님, 한 권의 책, 한 개의 펜이 세상을 바꿀 수 있습니다."

이후 2014년 말랄라는 최연소로 노벨평화상을 수상합니다. 현재는 자신의 이름을 딴 말랄라 기금을 조성해 모든 소녀가 안전한 환경에서 양질의 초중등 무상교육을 받도록 하는 데 힘쓰고 있죠.

"말의 힘과 파급력을 믿었던" 말랄라는 영국 BBC 홈페이지에 글을 연재함으로써 그 힘을 직접적인 실천으로 보여 줬습니다. 그리고 많은 여성들에게 "내가 말랄라다."라고 용기를 내게 하는 엄청난 동력이 되었습니다.

'교육받을 권리는 누구에게나 주어지는 당연한 권리인 줄 알았는데…….'라고 생각한 분들도 있겠죠? 말랄라가 알려 준 파키스탄 10대들의 이야기는 우리가 보내는 평범한 일상이 누군가에 게는 매우 간절한 것일 수 있음을 깨닫게 해 줍니다.

　지구 어딘가에 거리를 편하게 돌아다니지도 못하고, 자유롭게 자기 생각을 말하지도 못하고, 공부하고 싶을 때 공부하지도 못하는 이가 있다고 생각해 보세요. 말랄라의 말과 행동은 위태롭게 존재하는 이들의 삶에 관심을 기울여야 한다고 우리를 이끕니다. 빛과 자유가 없는 곳에 살고 있는 사람들의 목소리에 귀 기울이고, 그들과 함께 목소리를 내자고 말이죠.

17

그럴 수도 있다고 체념하며
물러서는 일에 지쳤을 뿐

내가 일어서지 않는 이유는
단지 몸이 지쳐서가 아니었어요.

"내가 일어서지 않은 이유는
몸이 지쳤기 때문이 아니다.
나는 다만 물러서는 일에 지쳤을 뿐이다."

몇 년 전 저는 '차별과 혐오의 언어'를 주제로 청소년책을 썼어
요. 책이 나오면 늘 부끄러움이 밀려오지만 그럼에도 책을 계속 쓰
는 데는 이유가 있습니다. 일단 쓰는 일이 즐겁고요. 세상 어딘가에
있을 만난 적 없는 이들과 책을 매개로 소통할 수 있다는 점도 좋습
니다. 특히 요즘은 강의, 강연을 비롯해 이메일이나 독자 리뷰 등을
통해 작가와 독자가 활발하게 소통할 수 있는 시대잖아요.

어느 날 강연을 통해 만나게 된 한 청소년 독자가 이런 질문을
했어요.

"학교 대표 몇 명을 뽑아 시에서 주최하는 글쓰기 대회에 나갈
기회를 준다고 해요. 그런데 그걸 성적순으로 뽑는대요. 글쓰기 대

회인데 왜 성적을 기준으로 하는지 모르겠어요. 사회참여 발표대회 때도 그랬어요. 저는 성적은 중간이지만 글쓰기 대회에는 나가고 싶은데…… . 이것도 차별이죠?"

순간 깜짝 놀라 이렇게 말해 주었어요.

"아니, 무슨 그런 법이 다 있대요? 불복종 운동이라도 해요!"

강연을 듣던 다른 청소년 중에서도 "비슷한 경험이 있다."고 하는 이들이 있었습니다. 권리나 의무, 자격 등이 차별 없이 고르게 주어질 때 사람들은 '평등'이라는 말을 쓰죠. 그런데 우리가 살아가는 사회에는 크고 작은 불평등 요소들이 의외로 참 많습니다.

지금으로부터 60여 년 전 미국에서는 인종차별이 매우 심각했어요. 1950년대에는 공공장소에서 흑인과 백인을 분리하는 불평등한 정책들도 있었습니다. 버스 앞 좌석 네 줄은 백인만 타도록 비워 둬야 하는 정책이 대표적이었어요. 그뿐 아니었어요. 만약 '백인석'이 비더라도 유색 인종은 그쪽에 앉지 못했습니다. 이게 다가 아니에요. 백인석이 꽉 차서 백인들이 못 앉게 되면 어떻게 되었을까요? 이른바 '흑인석'으로 불리는 뒷자리를 흑인이 백인에게 내주어야 했답니다. 이 무슨 말도 안 되는 법이 다 있나 싶죠.

그런데 1955년 12월 1일, 미국 내에서도 인종차별이 특히 더 심했던 남부 앨라배마주 몽고메리에서 이런 정책에 반기를 드는 사건이 하나 일어납니다. 퇴근길 버스 안, 흑인석에 앉아 있던 '로자 파크스'라는 이름의 여성이 "버스가 꽉 찼으니 백인에게 자리를 양보하라."는 운전기사의 말에 그럴 수 없다고 거절하면서 시작된 일이죠.

그는 이 일로 경찰에 끌려갑니다. 로자 파크스의 행동은 개인의 저항을 넘어 1960년대 미 전역을 요동치게 한 흑인 민권운동의 도화선이 됩니다. 그가 기소된 후 흑인들은 인종 분리법에 항의하며 버스 승차거부 운동(몽고메리 버스 보이콧 운동)을 벌이기 시작하죠. 흑인 4만여 명이 버스 탑승을 거부하고 걸어서 출퇴근하는 일이 일어납니다. 이 운동은 마틴 루서 킹 목사가 이끌며 더 큰 반향을 얻고, 1년 여간 이어지죠. 이 과정에서 백인 우월주의자들은 폭탄 테러 등을 자행합니다. 하지만 1956년 12월 13일, 연방 대법원은 마침내 버스의 인종 분리가 불법이라는 판결을 내립니다.

"내가 일어서지 않은 이유는 몸이 지쳤기 때문이 아니다. 나는 다만 물러서는 일에 지쳤을 뿐이다."

로자 파크스는 불합리한 정책에 대해 거부한 이유를 이렇게 말했습니다. 불합리하고 불평등한 상황에 의문을 제기하고 물러서지 않겠다는 용기를 발휘한 거죠.

60여 년 전 자리를 양보하지 않았던 로자 파크스의 행동은 인종차별 역사를 이야기할 때 빠뜨릴 수 없는, 무척 중요한 장면이에요. 그에 의해 촉발된 흑인 민권운동이 한창일 때 앨라배마에서 자라난 콘돌리자 라이스 당시 미 국무장관은 로자 파크스의 장례식에 참석해 이런 말을 남겼습니다.

"파크스 여사가 없었다면, 제가 오늘 국무장관 자격으로 이 자리에 서 있지 못할 것입니다."

로자 파크스가 발휘했던 용기가 얼마나 많은 이의 삶에 영향을 끼쳤을까 짐작할 수 있는 일화죠.

☆

"왜 그래야 하죠?"

대다수가 동의하는 어떤 일 앞에서 이렇게 의문을 제기하려면 큰 용기가 필요합니다. 하지만 부당하고 불합리하다 생각되는 일 앞에서 침묵한다면 세상은, 우리 삶은 바뀌기 어렵겠죠.

"아니, 뭐 그런 법이 다 있대?"

일상 곳곳에 뭔가 불합리하고 불평등하다 생각되는 것들이 보이나요? 그렇다면 로자 파크스를 떠올리며 목소리를 내 보면 어떨까요? '그럴 수도 있지, 뭐.'가 아닌 '그런 법이면 바꿔야지!'라는 씩씩한 마음이 생길 수도 있습니다.

　　세상에는 이렇게 불합리함에 맞서려는 이들에게 힘을 실어 줄 방법을 궁리하는 이들도 많답니다. 저 역시 그런 의미로 강연에서 만난 청소년 독자에게 "불복종 운동이라도 해요!"라고 말했답니다.

18

견고한 '유리 천장'을
하나씩 깨부순 사람

"아홉 명 정원의 대법관 중
몇 명이 여성이 되어야 하느냐는 질문을 많이 받는다.
내 대답은 언제나 아홉 명이다."

'성별 임금 격차 심각' '여성 간부는 왜 손에 꼽을까?'

언론 보도를 통해 종종 접하는 남녀차별 관련 뉴스의 제목입니다. '설마……' 싶을 법도 하지만 실제 우리 사회 '유리 천장'은 꽤 높고 단단합니다. 여기서 유리 천장이란 '눈에 보이지 않지만 깨뜨리기 어려운 장벽'이라는 의미죠. 충분한 능력을 갖췄음에도 직장 내 성차별 문화 탓에 여성이 능력에 맞는 대접과 적절한 보상을 못 받거나 고위직에 오를 수 없는 상황을 비유적으로 이르는 말이에요.

특히 법조계는 아주 오랜 시간 동안 남성들만의 전유물처럼 여겨져 왔습니다. 그래서인지 그 단단한 유리 천장을 깬 여성 인물들의 이야기를 듣고 있노라면 "멋지다"를 넘어 "존경스럽다"는 반응이 저절로 나옵니다. 특히 이 인물, '루스 베이더 긴즈버그'가 바로 그렇습니다. 미국 연방대법원 대법관이었던 그는 몇 번이나 이 공고한 유리 천장을 깨부순 것으로 유명합니다.

어느 사회나 마찬가지겠지만 그가 대학에 진학하던 시기인 20세기 후반 미국 사회에서도 여성 차별은 매우 심각했다고 합니다. 500명 정원의 하버드 법대에 들어간, 단 아홉 명 여자 신입생을 향해 학장이 환영사에서 한 말은 전혀 '환영의 의미'로 느껴지지 않는 인사였죠.

"왜 하버드 법대에 와서 남학생들의 자리를 빼앗았나?"

이후 뉴욕에서 직장을 구한 남편을 따라 컬럼비아 법대로 옮긴 긴즈버그 앞에는 또 다른 유리 천장이 기다리고 있었습니다. 학교를 수석으로 졸업했지만 여성이란 이유로 직장을 구하는 데 어려움을 겪었죠. 결국 그의 능력을 높게 평가한 은사의 도움으로 간신히 법조계에 입문합니다.

변호사가 된 긴즈버그는 성평등을 실현하고 사회적 약자의 목소리에 귀 기울이는 데 힘썼어요. 이후 대법관이 되어서도 그는 양성평등과 소수자를 위한 판결을 이끌었는데요. 동일 노동에 대한 동일 임금을 옹호하고, 출산에 대한 여성의 자기결정권을 지지했습니다. 버지니아주 군사학교가 여성 입학을 불허한 데 대해 위헌 결정을 내리기도 했어요. 또한 인종차별에 반대하고, 성소수자의 권리를 말하기도 했죠.

☆

　루스 베이더 긴즈버그가 남긴 유명한 어록 가운데 수많은 이들에게 회자되는 말을 여러분과 나누고 싶어요.

　"아홉 명 정원의 대법관 중 몇 명이 여성이 되어야 하느냐는 질문을 많이 받는다. 내 대답은 언제나 아홉 명이다. 그럼 모두들 놀란다. 이전에 남성 아홉 명이 연방대법원을 이끌었을 때는 그 누구도 이에 대해 의문을 품지 않았으면서."

　여러분은 이 말을 듣고 어떤 생각을 하셨나요? 저는 우리 사회 남녀차별 문제에 대해 무관심했음을 들킨 것 같았어요. 텔레비전 뉴스에서 등장하는 법조계 인물들이 대부분 남성임을 알면서도 이에 대해 어떤 의심도 품지 않았던 제 자신을 돌아보게 됐죠.

　긴즈버그에게는 흥미로운 별명이 하나 있습니다. '노토리어스 알비지'(Notorious R.B.G.). 그가 불합리한 차별 문제 앞에서 "반대한다"고 외쳤던 것에 대해 감명받은 한 로스쿨 학생이 유명 래퍼 '노토리어스 비아이지(Notorious B.I.G.)'에 빗대 만든 애칭이죠. 여기서 '악명 높은'(notorious)이라는 단어에는 그에 대한 비판이나 공격이 아닌, 존경의 뜻이 담겨 있습니다. 이는 변호사 시절부터 대법관에 이르기까지 꾸준히 여성과 소수자의 인권 문제에 전향적인 판결을 해 왔던 그에 대한 애정 어린 응원이나 다름없었죠.

긴즈버그는 '진보의 아이콘'으로서 일종의 팬덤 현상도 이끌었습니다. 그의 지지자들은 마음을 담아 선물 공세를 하는가 하면, 그의 얼굴이 새겨진 티셔츠를 맞춰 입기도 했어요.

긴즈버그의 '반대'는 누군가의 의견에 대한 '다른 생각'일 뿐이지 반대 입장에 선 사람 자체에 대한 반대는 아니었던 것 같아요. "보수 성향 앤터니 스캘리아 대법관과 왜 단짝이냐?"라는 질문에 대한 그의 대답에서 그 의미를 알 수 있습니다.

"나는 생각을 공격하지, 사람을 공격하지 않는다."

어떤가요? 인신공격이 난무하는 우리 사회에 큰 울림을 주는 말이죠?

✳ 19

상식이 없던 시대,
매우 상식적이었던 외침들

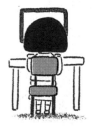

메리
울스턴크래프트
(1759~1797)

•

에멀린 팽크허스트
(1858~1928)

"여성이 복종해야 할 대상은
아버지나 남성이 아닌 인간 고유의 이성이다."

"노예로 사느니 반역자가 되겠다."

"취업은 대체 언제 할 거니? 이제 그만하고 시집이나 가라!"

취업 준비에 한창인 딸에게 아버지가 이렇게 다그치자 어머니가 "그러지 말라."고 말립니다. 그러자 아버지의 불호령이 떨어지죠.

"이놈의 여편네가 뭘 안다고 참견이야!"

언젠가 '성차별 표현'에 대한 강의로 청소년들을 만났을 때 사례로 든 드라마의 한 장면입니다. 요즘 시대와 거리가 있는 사례일 듯싶어 "자, 이건 드라마니까요. 요즘은 이런 집 보기 드물죠?" 물었지만 막상 현장의 반응은 그렇지만도 않다는 분위기였어요. 생각지도 못한 대답들이 나왔죠.

"앗! 저런 말 많이 들어 봤어요."

"저희 집에서는 계집애가 뭘 안다고 참견이냐고 하는데……."

악습은 왜 그리 힘이 셀까요? 집안과 사회의 중심에는 남성만이 있고, 여성은 남성보다 뒤떨어진 존재라서 생각할 자유나 권리가 없다는 식의 사고방식은 참 오랜 시간 생명을 유지해 왔습니다. 역사 속 '사상가'라 불렸던 이들의 여성 비하 발언도 쉽게 찾아볼 수 있어요.

18세기 무렵 계몽주의 사상이 불던 유럽의 분위기도 마찬가지였어요. 계몽주의는 인간이 가진 이성의 힘을 믿고, 사회를 개혁하는 데 주목한 사상이었지만 남녀평등 문제에서만은 그렇지 않았습니다. 당시 진보적인 사상가로 손꼽혔던 장 자크 루소만 해도 "모든 인류가 평등하다." 하면서도 여성은 예외로 했으니 말 다 했죠, 뭐.

이런 상황에 굴하지 않고 여성의 권리를 소리 높여 외쳤던 사람, 메리 울스턴크래프트 이야기를 나누고 싶습니다. 작가이자 철학자, 여성 권리 옹호자였던 그는 1759년 영국에서 태어났어요. 그의 집안 상황은 좋지 않았어요. 가산을 탕진한 아버지는 어머니에게 자주 폭력을 행사했고, 어머니는 이를 감내하며 결혼 생활을 유지했죠. 어머니뿐 아니라 일찍 결혼한 동생마저 가정 폭력에 시달리는 걸 보며 그는 당대 여성이 처한 상황과 결혼의 부조리함에 대해 문제의식을 느끼게 됩니다.

메리 울스턴크래프트가 쓴 『여성의 권리 옹호』는 이런 문제의식이 잘 담겨 있는 책입니다. 그는 이 책을 통해 여성도 인간이며 당연히 누려야 할 인권이 있다는 생각을 세상에 알렸죠. 또한 남성에게는 이성과 자유와 평등을, 여성에게는 순결과 아름다움과 순종을 권고하던 당대 계몽주의자들을 비판했습니다. 여성에게도 남성과 똑같이 교육받을 기회가 주어져야 한다고 강조했어요.

"여성도 남성과 동등한 이성을 갖고 있으며, 여성이 복종해야 할 대상은 아버지나 남성이 아닌 인간 고유의 이성이다."

메리 울스턴크래프트가 남긴 이 말은 "열등한 이성을 지닌 여성이 남성에게 종속되는 것이 곧 자연법"이라는 계몽주의자 장 자크 루소의 말에 대한 반박이기도 해요. 그는 계몽주의 시대였음에도 논외였던 여성의 권리 문제를 과감하게 화두로 던져놓았죠. 하지만 시대를 너무 앞서갔던 걸까요? 그가 책을 통해 펼쳐 놓은 생각들은 당시 지식인들에게 환영받지 못했습니다.

☆

메리 울스턴크래프트는 살아 있을 때 비난과 조롱의 대상이었다고 합니다. 많은 이들이 여전히 여성은 남성의 보호 아래 있기 때문에 인권은 물론이고, 이성 없는 존재라는 생각을 버리지 않았죠. 하지만 20세기 이후의 그는 '근대 페미니즘의 어머니'라 불릴 정도로 명성을 인정받았어요.

메리 울스턴크래프트가 살던 시대에서 약 100년 후에는 성별에 따른 불평등 문제에 온몸으로 대응한 여성이 등장합니다. 에멀린 팽크허스트라는 인물이에요.

그 수는 여전히 적지만 요즘은 여성 정치인들이 정계에서 활약하는 모습을 많이 볼 수 있죠. 한데 19세기 빅토리아 시대 여성에게는 참정권 자체가 주어지지 않았습니다. 여성이라는 이유로 정치인이 될 수도, 투표를 할 수도 없었어요.

1912년 3월 1일, 런던에서는 "여성의 참정권을 보장하라."는 외침이 들려옵니다. 여성들로 구성된 '여성사회정치연맹'(WSPU: Women's Social and Political Union)이 벌인 시위였죠. 거리로 쏟아져 나온 이들은 런던 중심가 건물의 유리창을 모두 깨부수고, 의회에 난입해 연설하던 정치인을 할퀴고, 우체국에 들어가 편지를 모조리 불태웁니다. 일반적 수준이 아닌, '매우 격렬

한 시위'였죠.

에멀린 팽크허스트는 남편의 정치 활동을 도우면서 본격적으로 진보적인 정치 활동에 뛰어들었습니다. 그의 남편인 리처드 팽크허스트는 변호사이자 존 스튜어트 밀의 친구로 여성 참정권 운동을 적극 지지하는 인물이었어요.

진보적이라고 할 만한 단체들마저 여성 선거권 도입에 소극적인 모습을 보이자 에멀린 팽크허스트는 1903년 여성사회정치연맹을 결성해 참정권 운동 전면에 나섭니다. 여기에는 그의 세 딸도 함께합니다. 처음엔 비폭력 노선을 지켰지만 경찰이 이들에게 폭력을 행사하거나 감옥에 보내자 이들 또한 과격한 전술로 맞섭니다. 방금 살펴본 1912년 3월 1일의 시위가 그러하였죠.

☆

이후 1918년 영국에서는 30세 이상의 여성과 21세 이상의 남성들에게만 제한적인 투표권이 주어졌습니다. 남녀 불문 21세 이상 선거권이 생기게 된 건 이로부터 10년이 지난 1928년이었어요. 에멀린 팽크허스트가 세상을 떠난 지 한 달 후였죠.

"노예로 사느니 반역자가 되겠다."

에멀린 팽크허스트의 말에서는 더는 여성이 남성에게 귀속된 존재로 살아선 안 되고, 또한 이 상황을 그냥 두지 않겠다는 결연한 의지가 느껴집니다. 그를 비롯해 그와 함께한 여성들은 시위 현장에서 걸핏하면 연행됐어요. 하지만 옥중 단식 등으로 자신들의 의지가 쉽게 꺾이지 않음을 보여 줬고, '여성 참정권 보장'이 관철되도록 하는 데 앞장섰습니다.

현재 우리나라에서는 남녀 불문 만 18세가 넘으면 선거권이 주어집니다. 지금의 이런 권리가 주어지기까지 에멀린 팽크허스트 등 많은 여성의 투쟁이 있었음을 기억하면 좋겠습니다. 여성 참정권 운동과 관련해 '서프러지스트'(suffragist) '서프러제트'(suffragette)라는 용어에 대해서도 알아 두면 좋겠어요. 영국에서는 1860년대부터 여성 참정권 운동이 일기 시작했는데 법 테두리 안에서 비폭력적으로 여성 참정권 운동을 펼쳐 나갔던 이들을 서프러지스트라고 불렀습니다.

1900년대 팽크허스트처럼 '말이 아닌 행동으로'라는 구호를 내걸고 과격하게, 전투적으로 참정권 운동을 벌인 여성들은 서프러제트라고 합니다. 참정권을 뜻하는 '서프러지'(suffrage)에 여성을 뜻하는 접미사 '-ette'를 붙인 이 말은 당시 한 언론이 여성사회정치연맹을 경멸조로 칭한 것이었죠. 그러나 이후 이 말은 여성 참정권 운동가를 뜻하는 말이 됐습니다.

자, 이쯤 되면 "여편네가 뭘 안다고!"라는 말에 입을 꾹 다물고 있는 건 여성의 권리 쟁취를 위해 싸웠던 이들에 대한 모독처럼 느껴지기도 하죠?

* 20

살아남기 위해, 살아내기 위해,
목숨을 걸다

강주룡
(1901~1932)

"나는 죽음을 각오하고
이 지붕 위에 올라왔습니다."

"알바 열심히 한 돈으로 여행 가고 싶어요!"

'수능이 끝나면 무엇을 하겠냐'는 질문에 고3 학생들이 이런 대답을 합니다. 그런데 첫 아르바이트를 경험한 친구들 사이에서 안 좋은 이야기도 많이 들려옵니다.

"최저임금도 못 받고 일했어요."

"1년 넘게 일했는데 퇴직금 안 준다고 해요."

이렇게 노동법에 명시된 기본적인 사항조차 제대로 지켜지지 않는 일이 허다합니다.

노동 문제와 관련해서 생각나는 인물을 말해 보라고 하면 많은 이가 전태일 열사를 떠올립니다. 1970년 "우리는 기계가 아니다!" "노동자를 혹사하지 말라!"며 근로기준법 준수를 외치다가 분신 항거한 인물이죠. 그런데 그보다 약 40년 앞서 노동해방을 외친 항일 노동 운동가도 있습니다. 그의 이름, 강주룡. 일제 강점기 노동 분야에서 독립운동을 펼쳤던 인물로 우리 노동 운동 역사 최초의 고공농성자로 알려져 있습니다.

인터넷 포털 사이트에서 '강주룡'이라는 이름으로 이미지 검색을 한번 해 보세요. 한 여성이 한자로 '을밀대'라 적힌 가옥의 지붕에 올라가 앉아 있는 사진이 나올 겁니다. 그가 바로 강주룡이에요.

일제 강점기였던 1930년대. 일본인들이 사주로 있는 공장 노동자들은 고된 노동과 적은 임금, 비인간적인 대우로 매우 힘들게 살아갔습니다. 특히 여성 노동자를 향한 차별은 더 심했습니다. 여성이라는 이유로 노동자를 멸시하거나 성희롱하는 일도 많았죠. 강주룡을 비롯해 주로 여성들이 일하던 평양 시내 고무공장도 예외는 아니었습니다.

1930년의 어느 날, 평양 시내 10여 곳의 고무공장에서 1800여 명 노동자가 동맹 파업하는 일이 일어납니다. 자본가들이 세계공황으로 인한 어려움을 핑계로 노동자들에게 손해를 떠넘기면서 일어난 일이었죠. 강주룡도 그때 고무직공조합에 가입해 파업에 동참하면서 다른 노동자들과의 연대 의식을 경험합니다.

하지만 파업은 실패로 끝나고 말죠.

그러던 중 그다음 해인 1931년 5월 16일, 평원 고무공장 측이 노동자들에게 일방적으로 임금 삭감을 통보하는 일이 일어납니다. 이에 여성 노동자들은 파업을 선언하죠. 강주룡도 다른 여성 노동자들과 함께 파업에 동참합니다. 이들은 12일이라는 긴 시간 동안 파업을 이어 갔지만 사측의 임금 삭감 철회 기미는 보이지 않았습니다. 결국 이들은 단식 동맹을 결성, 공장을 점령하기로 하죠. 하지만 곧 들이닥친 경찰에 의해 공장 밖으로 내쫓기고 맙니다.

이때 강주룡은 주저앉아 울고 있는 동료들을 보며 결심합니다. 을밀대 지붕 위에 올라가 공장의 횡포를 알리고, 죽어 버리자고 말이죠. 고구려 시대의 누정인 을밀대는 지붕 높이가 무려 12미터에 달했습니다. 강주룡은 광목을 찢어 만든 줄을 타고 지붕에 올라갑니다.

"이천삼백 명 우리 동무의 살이 깎이지 않기 위하여 내 한 몸둥이가 죽는 것은 아깝지 않습니다. 내가 배워서 아는 것 중에 대중을 위해서는 (중략) 명예로운 일이라는 것이 가장 큰 지식입니다."

당시 강주룡의 연설 가운데 한 대목입니다.

을밀대에서 끌려 내려온 강주룡은 구치소에 수감되어서도 단식 농성을 이어 갑니다. 공장 측은 여성 노동자들의 임금 삭감을 철회하지만 강주룡은 '적색 노동조합'에 가입했다는 죄목으로 체포됩니다. 옥살이를 하던 중 건강이 악화되어 보석으로 풀려났지만 강주룡은 1932년 8월, 서른두 살의 나이로 숨을 거두고 맙니다.

농성 이후 강주룡과 인터뷰를 진행한 잡지 『동광』은 그를 '을밀대 위의 체공녀'라고 명명합니다. '체공(滯空)', 즉 '공중에 떠 있다.'라는 의미로 을밀대 위에서 죽음을 각오하고 목소리를 냈던 강주룡을 표현한 말입니다.

☆

사실 평원 고무공장에서 일하기 전, 그는 남편과 함께 독립군에 들어가 7개월가량 독립운동을 하기도 했습니다. 남편은 독립운동을 하다 숨을 거뒀고, 시가에서는 '남편 죽인 년'이라며 혼자 돌아온 그를 중국 경찰에 고발합니다. 그때도 강주룡은 억울하게 체포되었는데요, 분한 마음에 곡기를 끊은 바 있습니다.

강주룡은 을밀대에 올라가 노동 해방만이 아닌 '여성 해방'을 동시에 외쳤습니다. 노동자로서 부당한 임금 삭감 문제를 알리기 위해, 여성 노동자라는 이유로 멸시해선 안 된다고 말하기 위해 그 힘든 투쟁을 이어 나간 것이었죠.

　　"나한테 잘 보여야 오래 다닐 수 있다."

　　"예쁜 네가 카운터를 봐야지."

　　"목소리 고운데 얼굴도 반반한가?"

　　"재수 없게 어디 아침부터 광고 전화질이야!"

　　뉴스를 통해 접하게 되는 이런 이야기들은 지금의 여성 노동 현장이 강주룡이 살던 시대와 크게 다르지 않다는 사실을 말해 줍니다. 우리 사회가 90여 년 전 을밀대 위에 올라갔던 강주룡의 깊은 뜻을 이어 노동자, 특히 여성 노동자들을 위해 함께 목소리를 내주면 좋겠습니다.

21

불편을 '불행'으로
해석하지 않기

| 헬렌 켈러
(1880~1968) | "행복의 한쪽 문이 닫힐 때, 다른 한쪽 문은 열린다.
하지만 우리는 그 닫힌 문만 오래 바라보느라
우리에게 열린 다른 문은 못 보곤 한다." |

"어쩌다 저렇게 됐을까? 젊은 사람이 참 안됐네. 요즘처럼 추운 날씨에는 나 같은 정상인들도 이동하는 게 쉽지 않은데 몸이 저러니 저걸 어째⋯⋯."

어느 겨울, 휠체어를 타고 버스에 탑승하는 한 장애인을 보며 누군가 이렇게 중얼거리는 혼잣말을 들은 적 있어요. 지금 와서 생각해 보면 그분께 "잘못 말씀하신 겁니다."라고 한마디 못한 게 후회되기도 합니다. 여러분은 느끼셨나요? 이분 이야기 속에 '장애인은 불쌍한 존재'라는 동정과 연민의 시선이 있다는 것을요. 장애인을 보며 이렇게 편견 어린 시선을 보내는 것 또한 차별의 하나라고 볼 수 있을 겁니다. "장애가 불편한 게 아니라 사회적 시선이 불편하다."고 했던 어느 장애인 이야기도 생각이 나네요.

'장애를 극복한 감동 스토리'

'장애를 이겨 낸 그들에게 힘찬 박수를'

'정상인들도 힘들어하는 분야에 도전하다'

저는 패럴림픽이 열릴 때마다 이런 식의 수사를 붙이는 언론 보도를 꼼꼼하게 살피는 습관이 있습니다. 뿐만 아니라 선수의 장애를 마치 감동의 원천으로 그려 내는 보도가 있는지도 매의 눈으로 살펴보게 됩니다. 몇 년 전까지만 해도 저 역시 비장애인 중심의 시각이 담긴 표현에 둔감했던 편인데요. 하지만 언어 속 차별과 혐오를 살펴보는 책을 쓰면서 일상에 자리한 차별적 표현에 관심을 갖기 시작했습니다.

'장애에 대한 편견' 하면 떠오르는 인물이 있어요. 바로, 헬렌 켈러입니다. 그를 처음 만난 건 어릴 적 구독하던 어린이 잡지를 통해서였어요. 당시 여러 매체들이 그랬겠지만 제가 본 잡지에서도 헬렌 켈러는 '장애를 극복한 여성'으로 소개가 됐습니다. 그 이후 접한 책들과 신문 기사들 역시 그를 말할 때 "장애를 뛰어넘고" "장애임에도 불구하고" 위대한 일을 이뤄 냈음을 강조했죠.

☆

　많은 이가 이렇게 그의 업적을 장애와 연관 지어 감동 스토리로 풀었지만 사실 헬렌 켈러 본인은 장애를 불행한 것, 안쓰러운 것, 극복해야 할 대상으로 생각하지 않았습니다.

　"장애는 불편하다. 그러나 불행하지는 않다."

　그는 생전 이런 말을 남기기도 했으니까요.

　남보다 조금 불편할 수는 있겠지만, 장애가 있기 때문에 누군가의 삶을 '행복하지 않다' '불행하다'고 재단하는 것만큼 오만한 태도는 또 없을 겁니다.

　1880년 미국의 한 가정에서 태어난 헬렌 켈러는 생후 19개월 때 심한 병에 걸려 청각과 시각을 잃습니다. 그의 부모는 주변의 추천을 받아 '앤 설리번'을 헬렌 켈러의 가정 교사로 초빙하죠. 헬렌 켈러의 삶을 말할 때 앤 설리번은 빼놓을 수 없는 중요한 인물입니다. 헬렌 켈러는 촉각과 후각으로 세상을 느끼고, 여러 나라 언어로 된 점자책을 읽었는데 이를 교육해 준 이가 바로 앤 설리번이었어요. 1887년 처음 만나 약 50여 년을 헬렌 켈러 옆에 있었으니 삶의 동반자나 다름없었죠. 앤 설리번은 헬렌 켈러와 함께 래드클리프 대학에 진학해 옆에서 강의를 들으며 그 내용을 알려 주기도 했습니다.

☆

미국의 교육자이자 작가, 장애인 인권운동가, 여성 참정권론자, 평화주의자, 급진적 사회주의자. 헬렌 켈러가 살아온 인생 이력을 접하고 나면 이름 앞에 이렇게 다양한 수식이 붙을 수 있다는 데 대한 놀라움이 절로 생깁니다.

살아 있는 동안 그는 그야말로 '왕성한' 활동을 펼쳤어요. 우선 자신과 같은 장애인들을 도울 방법을 찾는 데 열정적이었습니다. 미국을 비롯한 세계 각지를 돌아다니며 장애인 교육 시설과 교육 방법 개선의 필요성을 강의하는 등 장애인 인권운동가로 활발하게 활동했죠. 1906년에는 매사추세츠주 맹인구제과 위원이 됐고, 1924년부터는 미국 맹인협회에 들어가 일하는 등 장애인 복지사업에도 자신의 역할을 다했습니다.

스물아홉 살이던 1909년부터는 사회당에 가입해 미국 자본주의 사회의 문제점들을 비판하기도 했습니다. 노동자들의 인권을 위해 싸우는 데도 앞장섰어요. 여성 참정권이 보장받지 못했던 당시 여성의 권리를 위한 운동도 펼쳤습니다.

헬렌 켈러가 펼쳐 온 활동들을 보면서 그를 '장애를 극복한 여성' 이미지로 가두는 게 얼마나 편협한 것인지 깨닫게 됩니다. 비장애인은 장애인을 볼 때 종종 그의 장애에 초점을 둡니다. 그 시선에는 "안타깝다" "안됐다"는 동정이 담기기도 하죠.

"행복의 한쪽 문이 닫힐 때, 다른 한쪽 문은 열린다. 하지만 우리는 그 닫힌 문만 오래 바라보느라 우리에게 열린 다른 문은 못 보곤 한다."

헬렌 켈러는 이런 말을 남겼습니다. 그의 말을 빌리면, 사람들은 대부분 자기 관점에서 보는 누군가의 '닫힌 문'에만 신경을 쓸 뿐 '열려 있는 문'에는 무관심한 경우가 많습니다. 헬렌 켈러 이름 앞에 '장애를 극복한'이라는 수식밖에 붙일 수 없었던 과거의 좁디좁은 사고의 틀을 이제는 깨야 할 시기입니다.

계속해 보겠습니다,
나다운 방식으로

22

셰익스피어 동생이
글을 쓰지 못한 이유는?

버지니아 울프
(1882~1941)

"여성이 소설을 쓰려면
한 해 500파운드의 수입과 자기만의
방을 가져야 한다."

여러분은 일상에서 글을 많이 쓰시나요? 저는 많이 쓰는 편입니다. 그날그날 일어난 일들과 이에 대한 생각을 일기로 적어 내려가면서 제 행동과 생각을 돌아보기도 하고요. 때로는 실제 일어나지 않았지만 일어날 법한 일들을 가상의 이야기, 즉 '소설'로 끄적이며 현실에서 해 보지 못한 말을 하거나 잠시 힘든 현실을 잊어 보기도 해요. 글쓰기가 우리 삶에 생각하고 공부할 시간, 세상을 다양한 각도로 바라볼 기회를 준다는 사실을 부정할 사람은 없을 겁니다. 그래서 "책 많이 읽고, 글 많이 써 보라."고 조언하는 이들이 많죠.

그런데 여성이라는 이유로 글을 쓰는 데 제약을 받던 시대도 있었어요. 17세기 작가였던 윈칠시 백작 부인이 쓴 시를 보면 읽고, 쓰고, 사유하는 활동에서 자유롭지 못했던 당시 여성들의 안타까운 현실이 담겨 있죠.

"슬프다! 펜을 드는 여성은 주제넘은 동물이라 간주되어 어떤 미덕으로도 그 결함은 구제될 수 없다네. 그들은 이야기하지, 우리가 우리의 성과 방식을 잘못 알고 있다고. 교양, 유행, 춤, 옷치장, 유희, 이것이 우리가 바라야 할 소양이라고. 쓰고, 읽고, 생각하고, 탐구하는 것은 우리가 가진 아름다움을 흐리게 하고, 시간을 낭비하며, 한창때의 남성 정복을 방해한다고."

제가 이 시를 접한 건 '버지니아 울프'라는 작가의 책『자기만의 방』을 통해서였어요. 1929년에 나온 이 책은 버지니아 울프가 거턴대학과 뉴넘대학 등에서 '여성과 픽션'이라는 주제로 강연한 내용을 바탕으로 쓰여졌어요. 가부장제와 성별 불평등 문제에 맞서 여성들의 글쓰기에 필요한 조건들에 대해 논하고 있죠.

울프는 1882년 영국에서 태어난 인물이에요. 그의 아버지는 『옥스포드 인명사전』을 만든 레슬리 스티븐이었어요. 울프는 아버지 영향으로 문학과 고전 등 다양한 책을 접하며 성장했죠. 하지만 19세기 말 사회 관습에 따라 여느 여성들처럼 대학에는 진학하지 못했어요. 그럼에도 당대 지식인들의 모임인 '블룸즈버리그룹'에 참여해 예술과 정치, 철학 등 다양한 분야에서 열띤 토론을 하며 지적 세계를 확장해 나갑니다.

"여성이 소설을 쓰려면 한 해 500파운드의 수입과 자기만의 방을 가져야 한다."

'버지니아 울프' 하면 많은 이들이 떠올리는 말이에요. 그는 『자기만의 방』을 통해 이런 말을 전하면서, 당대 사회에서 여성이 처했던 물질적 한계를 극복한다면 더 훌륭한 여성 문학가가 탄생할 수 있을 거라고 했죠.

500파운드? 자기만의 방? 대체 무슨 말인가 싶은 이들도 있을 텐데요. 앞에서도 이야기했듯 과거 여성은 자기 의지나 능력 여부와 관계없이 남성에게 종속된 삶을 살아야 했죠. 여성에게 고등 교육을 받을 기회 그리고 일할 기회가 주어지지 않으니 독자적인 수입, 즉 경제권은 없었고요. 게다가 가정이 곧 직장이었던 여성들에게는 글쓰기라는 지적 활동에 집중할 만한 공간 역시 주어지지 않았을 겁니다. 여기서 '공간'이란 물리적 영역은 물론이고 읽고, 생각하고, 탐구할 마음의 여유까지 아울러 의미하는 것 같아요.

그런 점에서 볼 때 500파운드와 자기만의 방이 필요하다고 전한 울프의 말은 물질적 자유가 보장되어야 지적 자유도 주어질 수 있다는 의미를 담고 있어요. 돈 그리고 공간이라는 물질적 한계 상황과 연결해 여성이 처한 차별 문제를 지적한 울프의 날카로움에 감탄이 나올 수밖에요.

울프가 만들어 낸 가상의 인물, 셰익스피어 여동생 주디스 이야기도 흥미로워요. 16세기에 태어난 주디스는 오빠 셰익스피어 못지않은 재능의 소유자였지만 학교 교육을 받지 못해요. 오빠가 고전들을 읽으며 공부할 때 여동생은 집에서 집안일을 하며 시간을 보내죠. 부모가 정해 준 혼처를 거부한 주디스는 연극에 대한 열정으로 가출하지만 극장에서도 별다른 기회를 얻지 못해요. 그리고 한 남자의 아이를 가진 그는 어느 날 밤 스스로 목숨을 끊고 맙니다. 울프는 이렇게 타고난 재능이 있음에도 그것을 제대로 발휘하지 못한 여성들이 실제 역사 속에 있었을 거라 말합니다.

그런데 가만 생각해 보면 지금 시대에도 소설을 쓰는 활동, 즉 '지적 활동'에 제약을 느끼는 여성들이 없지 않습니다. 고등 교육을 받을 권리는 누구에게나 있지만 결혼 후 가사와 육아 등으로 인해 이른바 '자기만의 방'은 꿈꾸지도 못하고 사는 여성들도 있죠. 문득 "두 아이 모두 재우고 주방에 있는 식탁 의자에 앉아 써요."라고 말하던 한 여성 작가 이야기가 떠오르기도 합니다. 울프의 말을 되새기며, 우리 주변에 존재할지 모르는 '현대판 셰익스피어 여동생'을 위해 격려와 지지를 건네고 싶습니다.

23

그림으로
자신의 존재를 증명해 내다

아르테미시아
젠틸레스키
(1593~미상)

"나는 여자가 무엇을 할 수 있는지
보여 줄 것입니다."

"여자애가 행실이 어땠길래……."

"그러게, 누가 밤늦게 다니랍니까?"

"쯧쯧, 평소에 잘하고 다닐 것이지. 누굴 탓해?"

여성 대상 성폭행 사건 뉴스에 달린 댓글을 보고 혀를 내두르게 될 때가 왕왕 있습니다. 사람들은 기사 속 작은 정보들을 바탕으로 저마다 소설을 써 대고 있었습니다. '늦은 귀갓길'은 피해자를 '늦게까지 싸돌아다니는 여자'로 만들었고, 더 나아가 '늦게까지 싸돌아다니기 때문에 행실에 문제가 있는 여자'로 둔갑시켜 버렸죠.

문득 그림 한 장이 떠올랐습니다. 〈홀로페르네스의 목을 베는 유디트〉라는 제목의 그림입니다. 여러분도 인터넷 포털 사이트를 통해 한번 찾아보세요. 한 여성이 어떤 남성의 목을 칼로 베고 있고, 또 한 여성은 그 남성이 움직일 수 없도록 팔을 제압하고 있습니다. 남자의 목에선 피가 솟구치고 있고요. 이 작품을 그린 이는 서양미술사 최초의 여성 화가 아르테미시아 젠틸레스키입니다.

이 작품은 구약성서 유디트서에 나오는 이야기를 배경으로 합니다. 기원전 6세기 옛 이스라엘의 산악 도시 베툴리아에는 남편과 사별한 '유디트'라는 한 여성이 살고 있었어요. 그는 자신의 나라가 망할 위기에 처하자 홀로페르네스를 유혹해 잔인한 방법으로 죽이고 동족을 구합니다. 같은 소재로 '카라바조'라는 화가도 그림을 그렸지만 두 작품은 느낌이 확연히 다릅니다. 아르테미시아의 작품 속 유디트에게서는 결연한 의지가 느껴지지만 카라바조의 그림에서 유디트는 겁을 먹은 듯한 느낌입니다. 또한 카라바조의 그림에서 유디트 옆에 있는 또 다른 여성은 어떤 도움도 주고 있지 않습니다.

☆

아르테미시아의 이 그림과 앞선 성폭행 기사 사이에 무슨 연관이 있느냐고 묻는다면 '매우 연관이 깊다'고 답하고 싶어요. 아르테미시아가 이렇게 적극적으로 상대를 응징하는 여성의 모습을 화폭에 담기까지, 그가 겪은 성폭행 사건이 큰 영향을 끼쳤기 때문입니다.

그는 열여덟 살 때 아버지의 지인이자 화단의 대선배인 '타시'라는 인물에게 성폭행을 당합니다. 재판이 열렸지만 이해할 수 없는 일들이 벌어지죠. 당시 재판에서는 타시가 폭력을 가했느냐가 아닌, 피해자가 순결했는지 여부에 초점이 맞춰져 있었습니다. 아르테미시아는 자신의 순결을 입증하기 위해 부인과 검사를 받아야 했고, 진실을 입증하기 위해 끔찍한 고문까지 받아야 했습니다. 이 대목에서 떠오르는 게 있죠? 요즘 성폭행 사건이 일어나면 사람들은 종종 피해자에게 갖가지 방식의 '피해자다움'을 강요하곤 하잖아요.

모진 재판 과정 끝에 타시에게 내려진 처벌은 겨우 징역 8개월. 이후 아르테미시아는 사람들에게 '문란한 여인'이라며 비난을 받았습니다. 가해자에게 행해진 벌은 한없이 약했던 반면 피해자가 겪은 상처는 무척이나 컸습니다. 하지만 그는 사회 부당한 시선에 무너지지 않고 꿋꿋이 작품 활동을 이어 갑니다.

☆

아르테미시아에게는 특유의 화풍이 있었어요. 당시 남성 화가들은 유디트를 소극적인 캐릭터로 그렸지만 아르테미시아는 강인하고 주체적인 인물로 여성을 그려 냅니다.

"나는 여자가 무엇을 할 수 있는지 보여 줄 것입니다. 당신은 시저의 용기를 가진 한 여자의 영혼을 볼 수 있을 것입니다."

아르테미시아가 자신의 작품을 주문한 고객에게 보낸 편지에 쓰여 있던 말입니다. 다시 유디트 그림 이야기로 돌아가 볼까요? 아르테미시아는 홀로페르네스에 타시를, 유디트에 자신을 각각 대입했을지 모릅니다. 그렇게 자신을 비롯해 당대 남성중심 사회에서 억압받고, 상처받은 이들의 심리를 그림에 담아낸 건 아니었을까요?

"행실에 문제가 있는 여자야."

"그림 배우러 가서 남자 꼬신 거 아냐?"

이런 시선에 맞서 그는 이를 악물고 자신의 아픔과 분노 그리고 어딘가 있을 같은 처지의 다른 여성들을 예술에 투영했을

지 모릅니다. "여자가 무엇을 할 수 있는지 보여 주겠다."라면서 말이죠.

그림을 배우다 아픈 경험을 했고, 그 아픔을 다시 예술로 승화했고, 그것으로써 하나의 큰 메시지를 남긴 예술가. 어디서 언제 삶을 마감했을지 모를 아르테미시아에게 말해 주고 싶습니다.

"당신이 보여 준 것처럼 우리 역시 그 무엇에 굴하지 않고 당당하고 꿋꿋하며 강인한 한 사람의 여성으로 살아가겠습니다."

* 24

시간이 흘러도 변하지 않는
뜨거운 진심

박남옥
(1923~2017)

'미망인 K 씨는 생전 남편에 대해 이렇게 회고했다.'

혹시 신문 인터뷰 등에서 이런 표현을 본 적 있나요? "없다!"
고 하면 참 반가운 일이겠지만 "있다!"고 한다면 서운할 겁니다.
왜냐고요? 저 문장 속 '미망인'이라는 단어 때문이죠.

미망인은 흔히 남편을 여읜 여자를 뜻하는 말로 쓰여 왔어요.
그런데 이 한자어의 뜻을 풀어 보면 끔찍하기 그지없습니다. 아닐
미(未), 망할 망(亡), 사람 인(人). '아직 따라 죽지 못한 사람'이라는
의미입니다. 남자가 죽으면 배우자인 여자도 당연히 따라 죽어야
한다는, 가부장제가 만들어 낸 악습이죠. 그런 이유로 이 단어 대
신 '유족 K 씨' '사망한 ○○○ 씨의 아내' 등으로 표현을 바꾼 매

체들도 많아졌습니다.

〈미망인〉은 우리나라 최초 여성 감독이 만든 영화 제목이기도 해요. 전쟁으로 남편을 잃은 한 여성이 주인공인 이 영화는 '미망인'의 한자 뜻과는 거리가 있어 보이는 그의 삶을 따라갑니다. 아이가 있는 이 여성은 남편을 잃은 후 젊고 매력적인 남성과 사랑에 빠집니다. 여성이 가정이란 울타리를 벗어나면 큰일이라도 난 것처럼 굴던 당시 사회에서는 매우 파격적인 스토리였죠.(아니, 지금도 크게 다르지 않으려나요?)

이 영화를 만든 사람이 바로 박남옥입니다. 그는 우리나라 최초 여성 감독으로 알려져 있지만 사실 이 밖에도 투포환 신기록 보유, 단거리 육상 선수, 신문사 기자 등 흥미로운 이력을 갖고 있어요. 그는 일제 강점기 때 전국체전에서 투포환으로 3회 연속 한국신기록을 세울 만큼 운동에 소질을 보였다고 합니다. 하지만 집안의 반대로 인해 체육인의 길을 접고, (지금의 이화여대인) 이화여전 가정과에 입학하죠. 그마저도 1년 만에 자퇴하고 신문사 기자가 되어 영화평을 씁니다. 한국전쟁이 일어났을 때는 국방부 촬영부에서 종군 영화를 만드는 일도 했죠. 그는 이때 만난 극작가 이보라와 결혼하고, 영화 〈미망인〉을 만들게 됩니다. 남편이 시나리오를 쓰고, 아내인 박남옥이 메가폰을 잡은 영화입니다.

영화는 남편을 잃은 여성을 가련하게 그리지 않습니다. 이 여성은 자기 방식대로 앞으로의 삶을 찾아가려 합니다. '남편을 따라 죽어야 하는 여성'이 아니고 말이죠.

☆

사실 박남옥이 〈미망인〉을 만든 과정은 결코 순탄하지 않습니다. 한국전쟁이 끝난 1954년 어느 날, 영화를 보러 극장을 찾은 박남옥은 영화계 지인들과의 만남을 갖고 영화를 찍기로 결심합니다. 하지만 여성 감독에게 선뜻 투자하려는 이를 찾기란 어려운 일이었죠. 이때 제작비를 대 준 건 그의 친언니였습니다. 촬영이 시작된 후 15명이나 되는 스태프의 식사 준비도 걱정이었습니다. 박남옥은 제작비를 아끼기 위해 새벽부터 아이를 둘러업고 시장에 가 장을 보고, 직접 점심을 준비합니다.

그런데 이렇게 고생해 촬영을 다 마치고 후반 작업을 위해 찾은 녹음실에서 그는 이런 소리를 듣습니다.

"연초부터 여자와 일하면 재수가 없어 같이 녹음할 수 없다."

그래서일까요? 박남옥은 훗날 영화를 촬영했을 때를 돌아보며 출산보다 힘들었다고 털어놓기도 했습니다.

"나는 하루라도 더 살고 싶다. 우리나라 여성 영화인들이 좋은 작품을 만들고 세계로 진출하는 것도 보고 싶다."

박남옥이 남긴 이 말에서는 "여자가 무슨 영화?"라는 세상의 편견과 싸워야 했던 그만의 울분과 후배들을 위한 바람이 느껴집니다. 그는 말로 그치지 않고 행동으로도 여성 영화인을 격려하고 응원했습니다. 2008년 10주년을 맞은 서울국제여성영화제는 '박남옥 영화상'을 제정했는데 이때 박남옥이 사비로 상금을 내놓기도 했죠. 당시 수상자는 영화 〈우리 생애 최고의 순간〉으로 잘 알려진 임순례 감독이었습니다. 돌이켜 보니 1997년 제1회 서울국제여성영화제의 개막작이 바로 〈미망인〉이었어요. 시간의 흐름이 뜻깊게 여겨지는 대목입니다.

아직까지는 남성 영화인 수에 비할 바 못 되지만 박남옥이 메가폰을 들던 70년 전과 비교하면 여성 감독, 여성 제작자 들이 활약하는 모습을 많이 찾아볼 수 있습니다. 이런 시대가 오기까지 힘든 촬영 현장의 어려움을 견뎌 낸 이들의 노력도 잊어서는 안 되겠죠. 그 옛날 스태프의 끼니를 챙기던 요리사이자 '레디 액션!'을 외치던 감독으로, 한 아이의 어머니로 일인다역을 멋지게 소화해 낸 박남옥을 떠올리고 있노라면 "여자가 무슨……." "여자라고?" 이런 말들에 쉽게 움츠러들지 말아야겠다는 생각이 듭니다.

25

틀에 박힌 방식을 넘어,
좀 더 새롭고 자유롭게

이사도라 덩컨
(1877~1927)

•

자하 하디드
(1950~2016)

"사람을 춤추게 하는 것은
영혼과 정신이지 기교가 아니다."

"삶은 격자무늬 안에서
만들어지지 않아요."

"교복을 바지로 주문하고 싶어도 여학생은 기본 설정이 되어 있어 바지로 전환이 안 됩니다. 남학생은 바지, 여학생은 치마로 규정해 단순한 선택도 할 수 없게 하는 것은 학생 인권에 대한 심각한 침해입니다."

2020년 1월 국민권익위원회 국민신문고에 올라온 민원 내용입니다. 어떤가요, 틀린 말이 아니죠? 이런 민원이 쇄도하자 교육부는 중·고등학교 여학생들이 교복을 살 때 치마뿐 아니라 바지도 기본 하의로 선택할 수 있는 권리를 보장하기로 했습니다.

이 소식을 접하고 '나는 왜 이런 생각을 못 하고 살았을까?' 자책했어요. 추운 겨울, 등·하교 때마다 '이 불편하고 추운 치마

너무 싫다.'며 툴툴거렸지만 이에 대해 문제 제기를 해 볼 용기는 없었거든요. 이렇게 우리도 모르는 새 굳어져 온 것들에 대해 의문을 품고, 신선한 제안과 용감한 도전을 했던 인물들이 문화예술의 역사 속에 많이 있습니다. 무용계 이사도라 덩컨과 건축계 자하 하디드도 세상에 새로운 발상을 제안한 이들이에요.

무용가 이사도라 덩컨은 '현대무용의 선구자'로 불립니다. 미국에서 태어난 그는 가난한 집안 환경 탓에 독학으로 무용을 시작했어요. 당시만 해도 무용이라고 하면 발레를 의미했어요. 하지만 이사도라 덩컨은 고전 발레가 갖고 있던 인위적인 기법에 의문을 품었습니다. 몸에 꽉 끼는 의상에 발을 꽉 조이는 토슈즈를 신고 정해진 안무에 따라 몸을 움직이는 식의 고전 발레가 그의 눈에는 자유롭지 않아 보였어요.

그리스 문화에 심취했던 이사도라 덩컨은 고대 그리스 정신에서 영감을 얻은 '자유무용' 개념을 창시합니다. 규정된 형식이나 기교를 벗어던진, 자유로운 춤 기법이었죠. 그는 튜닉, 즉 그리스식 긴 옷을 몸에 두르고 무대에 올랐어요. 형식과 장소에 구애받지 않고, 언제 어디서든 자유롭게 춤을 추었죠. 고전 발레만이 주목받던 당시로서는 매우 파격적인 춤이었답니다.

☆

"사람을 춤추게 하는 것은 영혼과 정신이지 기교가 아니다."

이사도라 덩컨이 남긴 이 말은 꽉 조이는 옷과 신발을 신고 정해진 교본에 따라 똑같이 춤추는 것만을 예술이라 여겼던 당시 전통에 대한 대담한 문제 제기로 읽힙니다.

고전 발레가 폄하돼야 할 예술이라는 의미로 그의 일화를 소개하는 건 아니에요. 많은 이가 정형화된 고전 발레에 익숙해져 있던 당시 이사도라 덩컨이 시도했던 자유와 파격이 얼마나 가치 있는 것이었는가를 전하고자 함이죠.

이사도라 덩컨이 무용계에 새로운 화두를 던졌다면 자하 하디드는 건축계에 새로운 발상을 제시한 것으로 유명해요. 1950년 이라크에서 태어난 그는 대학에서 수학을 전공했습니다. 이후 영국 건축협회 건축학교와 렘 콜하스의 메트로폴리탄 건축사무소를 거쳐 1980년 런던에 자신의 건축사무소를 설립했어요. 자하 하디드 건축의 핵심은 곡선이 살아 있다는 데 있어요. 그가 건축한 건축물들은 건물과 지형이 마치 물 흐르듯 자연스러운 곡선으로 이어지는 형태를 보여 줍니다. 그래서 그의 건축을 두고 "율동감이 넘친다." "생명력이 느껴진다."라고 말하는 이들도 많아요.

명성을 얻기까지 자하 하디드가 마냥 탄탄대로만 걸어온 것은 아니었어요. 개방적인 사고를 가진 부모 덕분에 여성 차별이 심한 이라크에서도 건축을 공부할 수 있었지만 남성 위주였던 건축계에서 여성이면서 이라크 출신인 그가 자리 잡는 게 쉽지는 않았겠죠. 건축계는 그에게 오직 설계도만 그릴 줄 안다는 조롱의 의미로 '종이 건축가'라는 별명을 붙이기도 했답니다. 하지만 그는 이런 시선에 흔들리지 않고 오로지 일에만 몰두했고, 1993년 독일 바일 암 라인의 비트라 소방서 프로젝트를 통해 자신의 건축 철학을 세상에 알리기 시작합니다. 자하 하디드만의 유려한 곡선과 생명력이 느껴지는 건축물이 궁금하시다면 동대문디자인플라자(DDP), 광저우 오페라하우스 등의 건축물 이미지를 검색해 보세요.

그만의 건축 철학을 인정받은 자하 하디드는 20여 년간 전 세계 대도시에서 랜드마크가 될 만한 건물을 건축합니다. 그리고 2004년 건축계 노벨상으로 불리는 프리츠커상을 여성 최초로 수상해요.

"당신의 건축에는 왜 직선이 없나요?"

한 인터뷰에서 이런 질문을 받자 자하 하디드는 우리에게 새로운 관점을 던져 주는 답변을 합니다.

"삶은 격자무늬 안에서 만들어지지 않아요. 자연을 생각해 보시면 이해가 갈 겁니다. 어느 곳 하나 평평하거나 균일한가요?"

자하 하디드가 구현하고자 했던 건축은 다양한 모습으로 존재하며 살아 숨 쉬는 자연과 같은 것이었나 봅니다. 그만의 곡선으로 이루어진, 리듬감 넘치는 건축물은 이러한 독창적인 발상으로 탄생한 작품이자 일종의 생명체였던 것이죠.

"춤을 추려면 기본 형식부터 갖춰야지."

"건축은 네모여야 하는 거 아냐?"

두 인물의 이야기를 들어 보면 우리가 얼마나 틀에 박힌 사고 안에 갇혀 살아왔는지 되돌아보게 됩니다.

26

다른 사람 눈에 좋은 거 말고,
나에게 편하고 좋은 패션

"럭셔리는 편안해야 한다.
그렇지 않으면 럭셔리가 아니다."

내가 옷을 입은 것인지, 옷이 내 몸을 입은 것인지 헷갈릴 때
가 있습니다. 꽉 끼는 옷을 입었을 때 그렇죠. 여성이라면 모름
지기 풍만한 가슴이나 잘록한 허리 등 볼륨감 있는 몸매를 소유
해야만 아름답다는, 이른바 미(美)에 대한 정형화된 기준이 강요
되던 때가 있었어요. 패션 또한 그런 사회 분위기를 고스란히 반
영했죠.

한데 요즘은 몸을 꽉 조이는 옷보다는 편안함과 활동성을 중
요시하는 패션이 유행하고 있습니다. 패션이 사회 분위기를 반
영한다고 전제할 때 지금은 '바디 포지티브'(body positive), 즉 '자
기 몸 긍정주의'가 인정받는 것 같아요. 요즘 많은 여성들이 '표

준'이라는 이름의 정형화된 사이즈에 자신의 몸을 억지로 맞추기보다 자기 몸에 편안하게 잘 맞는 옷에 관심을 기울입니다.

'플러스 사이즈 모델'의 등장도 이야기하지 않을 수 없겠죠. 확실히 과거와는 다르게 아름다움에 대한 기준을 스스로 만들어 가려는 경향이 느껴집니다. 반가운 일이 아닐 수 없어요. 물론 사회가 일방적으로 정한 정형화된 미의 기준을 등한시할 수 없는 부분들이 남아 있긴 하지만요.

문득 코르셋이 유행하던 그 시절 여성들은 얼마나 힘들었을까 생각해 봅니다. 코르셋은 체형을 보정하거나 교정하기 위해 착용하는 여성용 속옷을 뜻하는 말이죠. 16세기 초 코르셋은 유럽 여성들의 몸을 탄압한 대표적인 의복으로 알려져 있어요. 허리를 13인치로 줄이기 위해 코르셋 끈을 잔뜩 조인 탓에 흉부 뼈가 틀어지고, 몸속 장기 기능까지 손상되는 끔찍한 경우도 많았다고 합니다.

뿐만 아니라 덧입는 의복도 불편하고 거추장스러웠어요. 1910년대 초까지 여성들이 입던 드레스는 바닥에 질질 끌 정도로 길었고, 모자는 화려한 장식이 주렁주렁 달려 있어 무겁기 짝이 없었습니다.

☆

　이런 상황에서 무릎까지 올라오는 치마와 여성용 바지가 등장했으니 그야말로 혁명이나 다름없었겠죠? 그 중심에는 20세기 여성 패션에 혁신을 가져왔다고 평가받는 '가브리엘 보뇌르 샤넬'이 있어요. 그는 우리에게 너무나 잘 알려진 명품 브랜드인 '샤넬'을 만든 장본인이죠. 장식성을 배제한 샤넬의 패션은 활동성과 편안함 그리고 실용성에 방점을 찍었습니다. 그는 여성들이 바닥에 질질 끌고 다니던 드레스 치맛단을 과감히 잘라 냈고, 남성 재킷에 흔히 있는 주머니를 여성 재킷에도 달았어요.

　남성의 색 혹은 죽음의 상징으로 여겨졌던 검은색을 여성 옷에 과감하게 적용시키기도 했죠. 또한 허리를 조이지 않는 저지 소재 드레스로 코르셋으로부터 억압받던 여성들을 해방시켰습니다. 샤넬이 탄생시킨 무릎 기장의 심플한 블랙 트위드 원피스는 지금도 많은 사랑을 받고 있어요.

　"럭셔리는 편안해야 한다. 그렇지 않으면 럭셔리가 아니다."

　샤넬이 했던 이 말은 아름다움에 대한 고정관념을 조금 비틀어 보게 해 줍니다. '이렇게 입으면 고급스러워 보일까?' '뭔가 더 있어 보이고, 비싼 거 입었다는 느낌이 들려면 어떻게 하지?' 옷을 차려입거나 치장을 할 때 우리는 우리를 바라보는 상대방

시선에서 거울을 볼 때가 많죠. 나 자신보다 타인을 더욱 신경 쓰면서 말입니다. 그런 우리에게 샤넬이 말하는 듯해요. 타인이 아닌 내 쪽으로 거울을 돌려서 바라보라고 말이에요.

스스로 편안하고, 보기 좋다는 생각이 든다면 몸과 마음에 여유와 자신감이 절로 생겨나게 마련이죠. 그리고 이 자신감은 '럭셔리'의 다른 이름인 '품위 있는 생각과 태도'로 이어질 수 있어요. 값나가고, 날씬해 보이는 옷이라도 그것을 입고 있는 내가 불편하고 어색하다면 그 옷은 그저 천 조각에 불과하겠죠. 샤넬은 이 단순하지만 심오한 진리를 알고 있었나 봐요. 그래서 여성들이 활동하기 편하고 심플한 디자인의 옷을 만드는 데 거리낌이 없었나 싶기도 합니다.

얼핏 짐작하기에 샤넬이 화려한 삶을 살았던 것처럼 느껴지지만 실상은 달랐어요. 불우한 가정 형편 탓에 열두 살에 수녀원 내 보육원에 보내져 그곳에서 자랐습니다. 열여덟 살 즈음 샤넬은 보육원을 나와 낮에는 의상실 재봉사로, 밤에는 술집 가수로 일하며 생계를 유지했는데 가수로 일할 때 자주 불렀던 노래에서 따온 예명 '코코'가 훗날 샤넬의 로고가 됐다고 하죠. 여담이지만 그는 이 예명을 썩 좋아하지는 않았다고 해요.

사실 샤넬의 고향인 프랑스를 비롯한 유럽에서는 그에 대한 평가가 엇갈립니다. 그는 2차 세계대전 당시 프랑스가 독일에 점령당했을 때 나치에 부역했다는 의혹을 받아 왔고, 실제 2016년 그것을 시사하는 문서가 발견되기도 했어요. 하지만 예술가로서의 샤넬을 이야기할 때 현대 여성복 역사에서 한 획을 그은 인물 중 하나로 꼽는 데 이의를 제기할 이는 없을 겁니다.

다양한 미의 기준이 존중받는 시대, 편안함과 심플함을 바탕으로 하는 샤넬의 패션 철학과 그가 남긴 말은 우리가 옷을 통해 몸과 마음을 구속하고, 때로 혐오하고 있지는 않았는지 돌아보게 해요. 샤넬이 남긴 또 다른 말을 들려드릴게요.

"옷만으로 패션이 완성되는 건 아니다. 옷을 입은 사람의 가치가 살아나야 한다."

오늘 여러분의 패션에는 여러분 자신이 잘 담겨 있나요?

27

왜 장래희망에도
제약과 차별이 있어야 하죠?

안토니아 브리코
(1902~1989)

"나는 스스로를 여성 지휘자라고 부르지 않는다.
나는 그냥 지휘자다, 어쩌다 여성일 뿐."

몇 년 전 퇴근길의 경험입니다. 버스 안이 사람들로 가득 차자 차내 방송이 들려왔어요.

"뒤에 계시는 분들 안쪽으로 좀 더 들어가 주세요. 감사합니다."

그런데 운전기사분의 목소리를 듣고는 저도 모르게 놀랐습니다. '어머! 여자분이셨네.' 순간 제 생각에 문제가 있다는 걸 알아차렸죠. '여자가 버스 운전을 해서는 안 되는 법이 있는 것도 아니고, 혹여 그런 법이 있다 해도 없어져야 할 법인데 나는 왜 놀란 걸까?' 제 안에 각각 여자의 일과 남자의 일이 따로 존재한다는 성별 이분법이 숨어 있었음을 깨달았습니다.

아주 오랫동안 사람들은 성별에 따라 맞는 일이 따로 있다고 생각해 왔고, 이를 사회적으로 교육해 왔어요. 여성은 집 안, 남성은 집 밖. 이런 이분법 탓에 여성의 사회 진출은 참 더디게 진행됐죠. 지금은 여러 분야에서 여성들의 활약상을 볼 수 있지만 아직도 갈 길은 멉니다.

언젠가 이 직업은 어떤 곳보다도 '금녀의 영역'이라는 이야기를 들은 적이 있어요. 바로 클래식 오케스트라 지휘 분야입니다. 그러고 보니 연주자들 앞에서 지휘봉을 잡고 서 있는 여성 지휘자 모습은 조금 생경하게 느껴지기도 하죠.

한데 100여 년 전, 남녀차별과 사회의 편견이 만연하던 그때 오케스트라 지휘자가 된 한 여성이 있었어요. 뉴욕필하모닉오케스트라와 메트로폴리탄오페라를 지휘한 첫 여성 지휘자, 그의 이름은 안토니아 브리코입니다.

☆

1902년 네덜란드에서 태어난 안토니아 브리코는 1926년, 가족과 함께 미국으로 이민을 갑니다. 그에게는 꿈이 하나 있었어요. 유명 심포니 오케스트라의 지휘자가 되는 거였죠. 1910년 즈음 네덜란드의 한 성당에서 슈바이처 박사가 오르간을 연주

하던 날 그는 음악가가 되기로 마음먹습니다. 하지만 그 당시 여자가 지휘자가 되기 위해 공부한다는 것은 상상하기 힘든 일이었죠.

"여성이 어떻게 오케스트라를 리드할 수 있겠어?"

주로 남성 단원들로 이루어진 오케스트라를 여성 지휘자가 이끈다는 건 결코 이해할 수 없는 일이었다고 합니다.

게다가 음악을 공부하기에 안토니오 브리코의 집안 형편은 매우 안 좋았어요. 하지만 그는 포기하지 않습니다. 낡은 피아노로 음악을 공부하고, 콘서트홀에서 일하면서 지휘자를 찾아가 끈질기게 부탁한 끝에 지휘 지도를 받죠.

그렇게 그는 음악 학교 입학에 성공합니다. 아무리 실력이 있어도 지휘자 자리에 여성이 오른다는 건 상상하기 힘든 그 시절, 마침내 지휘자로 성공적인 데뷔를 합니다. "여성이 어떻게?"라는 말에 꿋꿋하게 대항하면서요. 이 과정에서 남자 친구의 청혼도 받지만 그는 이를 거절합니다. 그는 현모양처가 아닌 지휘자로서의 길을 선택합니다.

"나는 스스로를 여성 지휘자라고 부르지 않는다. 나는 그냥 지휘자다, 어쩌다 여성일 뿐."

언젠가 안토니아 브리코가 인터뷰 중에 한 말입니다. 틀린 말이 아니죠. 우리는 종종 어떤 직업인의 직업명이나 소속 앞에

'여성' '남성'이라는 말을 붙입니다. 물론 '남자 간호사' '남자 승무원' 등도 있지만, '여교사' '여의사' '여류작가' '여교수' '여대생' 등 여성 성별을 강조하는 경우가 더 많아요. 부득이하게 성별을 표기해야 할 경우를 제외하면, 굳이 누군가의 직업과 소속 앞에 성별을 꼭 적어야 할 이유는 없습니다. 오히려 이런 표현들이 성별 고정관념이나 성차별을 강화할 수도 있겠죠.

안토니아 브리코는 원치 않을 수 있겠지만 아직까지 그에 대해 이야기할 때는 그가 '여성 지휘자'임을 강조해야 한다는 생각도 해 보게 돼요. 그의 일대기를 다룬 영화 〈더 컨덕터〉의 마지막 자막을 보면 왜 그런지 이해가 갈 겁니다.

"음악 전문지 『그라모폰』이 2017년 역사상 가장 위대한 지휘자 50명을 뽑았지만 여성은 아무도 없었다."

아직은 '이런 멋진 여성 지휘자 선배가 있었다.'는 사실을 더 많이 알리고, 강조해야 하는 현실입니다.

꿈 앞에도 차별이 존재합니다. 누구나 어떤 꿈이든 꿀 수 있다고 말하며 살지만 아직까지 사회는 성별에 따라 꿈을 차별하기도 하거든요.

안토니아 브리코 덕분에 우리나라 여성 지휘자로는 어떤 인물들이 있는지 찾아봤어요. 세계 무대에서 맹활약 중인 성시연, 장한나, 김은선 지휘자에 대한 기사가 나오더군요. 안토니아 브리코뿐 아니라 이들의 활약에도 관심과 응원을 보내야겠다는 생각을 해 봅니다. 그래야 더 많은 이들이 꿈을 펼칠 수 있을 테니까요.

간직하겠습니다,
힘을 건네는 이야기들

28

긍정과 용기의 아이콘,
오늘은 앤의 주문으로 시작합니다

『빨강 머리 앤』
앤 셜리

"엘리자가 말했어요.
세상은 생각대로 되지 않는다고. 하지만 생각대로
되지 않는다는 건 정말 멋진 것 같아요.
생각지도 못했던 일이 일어난다는 거잖아요!"

어떤 목표를 이루기 위해 열심히 노력했지만 결과가 좋지 않을 때나 실수로 어떤 일을 그르쳤을 때 우리는 종종 절망합니다. '남들은 잘만 풀리는 거 같은데 왜 나만 이렇지?' '나만 바보가 된 거 같아.' '내 자신이 너무 싫어.' 이렇게 온갖 부정적인 마음과 자책이 머릿속을 꽉 채웠던 적 누구나 있죠?

신기하게도 이때 이런 전화나 메시지를 받으면 우리는 또다시 힘을 냅니다. "충분히 괜찮아, 잘될 거야." "나는 네가 잘되리라고 믿어 의심치 않아." "걱정하지 마. 내가 있잖아." "잘했어. 네 잘못 아니야." "누구나 실수는 할 수 있어. 앞으로가 중요한 거야." 어떻게 보면 참 평범한 말인데 이 평범하고 단순한 말과

글이 우리를 다시 일으켜 세웁니다. 그런 걸 보면 말이나 글의 힘은 참 대단하죠.

여러분에게는 '긍정의 주문' 하면 떠오르는 인물이 있나요? 저는 있습니다. '주근깨 빼빼 마른 빨강 머리 앤'이란 노랫말로 더 유명한 인물. 맞아요! 『빨강 머리 앤』의 주인공, 앤 셜리입니다.

앤 셜리는 캐나다 작가 루시 모드 몽고메리가 창조한 캐릭터입니다. 『그린게이블스의 앤』이라는 원작 소설로 독자와 만난 지 100년이 넘었지만 지금도 전 세계 사람들에게 엄청난 사랑과 영감을 전해 주는 존재로 손꼽히죠.

『빨강 머리 앤』은 고아 소녀 앤이 커스버트 남매에게 잘못 입양되면서 생기는 이야기로 시작합니다. 이 소설이 전 세계적인 사랑을 받는 데 앤 셜리라는 캐릭터가 결정적인 역할을 했다는 건 모두가 고개를 끄덕이는 사실이죠. 밝은 성격에 넘치는 상상력, 그만의 수다스러움으로 커스버트 남매와 마을 사람들의 일상에 생기를 불어넣는 이 아이는 실제로 독자들의 폭발적인 호응을 이끌었습니다. 이후 여러 후속편이 만들어졌고 작품은 만화, 영화 등 다양한 장르로 선보이게 되었습니다.

☆

많은 사람들이 앤을 사랑하는 이유는 뭘까요? 온갖 역경 앞에 서도 그는 긍정적인 마음으로 어려움을 이겨 내려고 합니다. 그만 의 밝음 그리고 당당함을 닮고 싶다고 하는 사람들도 참 많죠.

사실 소설 초반부터 앤 셜리가 처한 상황들은 참 암울합니 다. 커스버트 남매는 남자아이가 입양될 줄 알았다가 여자아이가 입양되어 오자 이렇게 말하죠.

"남자아이가 없었다뇨! 남자아이를 보내 달라고 말씀드렸잖 아요."

"우리는 매슈의 농장 일을 도와줄 수 있는 남자아이를 원해. 여자아이는 조금도 도움이 안 된다."라는 말에서는 남녀 아이에 대해 노동력으로 가치를 매기는 당시 시대상이 읽히기도 합니다.

앤은 이런 분위기에 위축되지 않습니다. 특유의 낙천적 성격 과 그만의 친근함, 엉뚱함으로 커스버트 남매의 삶에 없어서는 서운할 존재가 되죠.

앤의 이야기 중에는 기록해 두고 싶은 것들이 많습니다. 잇 따라 새로운 실수를 한다고 앤을 지적하는 마릴라 아주머니에게 앤은 이렇게 말해요.

"한 사람이 저지를 수 있는 실수에는 반드시 한계가 있을 거예요. 제가 그 끝까지 간다면 더는 실수를 하지 않겠죠. 그렇게 생각하면 마음이 정말 편해요."

어떤가요? 실수 앞에서 자책하며 주저앉은 이들에게 들려 주고 싶은 이야기죠? 앤의 말처럼 실수에도 끝이 있을 거라고 생각하면 지금의 실수를 건강하게 인정하고, 다시 일어서 볼 용기가 생깁니다. 혹시 누가 알아요? 오늘의 실수가 앤이 말하는 '마지막 실수'일 수도 있잖아요. 실제로 앤이 남긴 말들은 그 자신뿐 아니라 풀 죽은 독자를 일으켜 세우는 다정하고 명랑한 힘으로 가득 차 있어요.

"엘리자가 말했어요. 세상은 생각대로 되지 않는다고. 하지만 생각대로 되지 않는다는 건 정말 멋진 것 같아요. 생각지도 못했던 일이 일어난다는 거잖아요!"

아마도 이 말은 많은 사람들이 좋아하는 앤 셜리의 명언 가운데 대표적인 것이 아닐까 싶습니다.

☆

사실 이 말은 작가인 루시 모드 몽고메리가 『빨강 머리 앤』을 출간하기까지의 일화와도 연결되는 지점이 있습니다. 루시 모드 몽고메리는 『빨강 머리 앤』이라는 소설을 1905년부터 쓰기 시작해 1906년에 완성하는데요. 그 후 소설이 바로 출판됐던 건 아닙니다. 소설은 출판사로부터 다섯 번이나 퇴짜를 맞았거든요. 탈고한 지 1년이 채 지나지 않은 어느 날, 창고에 처박아 둔 원고를 다시 꺼내며 몽고메리가 이렇게 말했다고 해요.

"다시 도전해 볼 가치는 있잖아?"

그 예감이 맞았는지 한 출판사에서 원고를 책으로 내 보자는 제안을 받습니다.

아마도 작가는 알고 있었을지 모릅니다. 세상일은 생각대로 되지 않지만, 한편으로는 생각지도 못했던 '좋은' 일들이 일어날 수 있다는 걸 말이죠.

오늘 하루가 생각대로 펼쳐지지 않았을 수 있지만, 내일은 또 생각지 못했던 일들이 일어날 수 있겠죠? 그 일이 즐겁고 행복한 일이 될 거라고 믿으며 하루를 보내 보세요. 앤이 전하는 긍정의 주문을 되뇌면서요.

29

마음속 고민 다 털어놓고 싶게
만드는 당신, 마플!

"젊은 사람들은 부디 이 세상이 얼마나 끔찍한지
모르고 살아야 할 텐데 말이다."

고민 없는 사람이 세상에 있을까요? 학업, 진로, 사랑, 건강, 인간관계……. 주제만 다를 뿐 누구나 마음속에 고민 한 가지쯤 품고 지냅니다. 저도 그렇고, 아마 여러분 마음에도 크고 작은 고민 한 가지쯤은 분명 있을 거예요. 맞죠?

마음속으로 꽁꽁 싸매 둔 고민이나 비밀을 누군가에게 털어놓는 순간도 있어요. '너한테만 하는 이야기인데 말이야…….' 이렇게 내 마음을 털어놓게 되는 사람은 누구일까요? 나를 잘 알고 있고, 나에 대한 애정이 깊기 때문에 자기 일처럼 고민을 들어주고 "그 사람이라면 뭔가 현명한 답을 줄 것 같다."는 생각이 드는, 그런 사람일 겁니다.

추리소설 하면 빠질 수 없는 작가, 애거사 크리스티가 창조해 낸 탐정 '제인 마플'은 이 조건에 걸맞은 인물이 아닐까 싶습니다. 사람의 마음을 잘 꿰뚫어 보는 그 앞에서는 마음속 꼭 움켜쥐고 있던 고민과 비밀을 나도 모르게 술술 털어놓을 것 같거든요.

백발에 푸른 눈을 소유한, 호기심 많은 할머니, 제인 마플. 결혼하지 않았기 때문에 그를 '미스 마플'로 부르는 이들도 많습니다. 그는 애거사 크리스티가 1930년에 출간한 『목사관 살인사건』에서 처음 등장해요. 제인 마플이 살고 있는 세인트 메리 미드는 런던에서 약 40킬로미터 떨어진 시골입니다. 작은 마을이라서 새로운 인물이 등장하거나 사건이 발생하면 삽시간에 소문이 퍼지죠. 이런 마을에서 거의 평생을 살아온 그는 마을과 마을 사람들에 대해 누구보다 관심이 많고, 정보도 풍부합니다. 정원을 돌보면서 누가 어떤 길로 향했는지, 누가 오늘 어떤 새로운 옷과 액세서리를 착용했는지 등 마을 사람들의 동태를 잘 파악하고 이를 예리하게 기억해 내곤 하죠. 그를 보면 "나이가 들면 기억력이 쇠퇴한다."는 말도 믿을 게 못 된답니다.

뜨개질 하는 걸 좋아하고, 정원을 가꾸며 마을의 움직임을 살피는 할머니. 이 작고 조용한 마을에서 살인사건이 벌어지면서 이런 제인 마플만의 장점이 사건을 해결하는 데 엄청난 영향을 끼칩니다. 그는 무척 침착한 태도로 사람들과 대화를 나누며 사건 정황을 파악하러 다닙니다. 그의 정보 수집력과 수사력은 경찰보다 뛰어나죠. 사실 그는 누구보다 직관이 발달한 사람이에요. 오랜 연륜이 주는 통찰인 걸까요? 특정 장소와 인물이 전달하는 신호, 즉 시그널을 잘 인지합니다.

제인 마플은 사람 그리고 사람들 사이 다양한 관계망과 그 속에서 피어나는 감정, 욕망 등을 읽어 내는 능력이 매우 뛰어난 사람입니다. 수다스럽고 오지랖 넓다는 이유로 그를 안 좋게 보는 이도 있겠지만 그가 사건을 해결하는 과정을 보면 수다(대화와 소통)와 오지랖(관심)이 불필요한 것만은 아니구나, 생각하게 됩니다. 제인 마플의 유연한 소통 능력은 사람들로 하여금 그에게 이야기를 털어놓게 하는 힘이 있죠.

셜록 홈스가 과학적으로 수사를 펼친다면 제인 마플은 직관적인 수사로 많은 이들을 놀라게 합니다. 그의 수사력은 큰 도시인 런던까지 알려지게 되죠. 이후 그는 곳곳을 다니며 사건을 해결합니다. 부드러우면서도 강철같이 단단한 태도로 사건을 마주하는 제인 마플의 행보는 '늙어 빠진 노처녀'라며 비아냥대는 경찰서장에게 시원한 한 방을 날리는 것 같습니다.

제인 마플은 노인에 대한 고정관념, 편견을 돌아보게 하는 캐릭터이기도 해요. 나이가 들면 활기를 잃고 기력이 쇠하며 외로울 거라고 생각할 수 있잖아요. 하지만 세상일을 어떻게 이렇게 단순하게 단정 지을 수 있겠어요? 제인 마플에 비춰 보면 노인은 '총명하게' '반짝반짝 빛나는' '지혜와 혜안을 품은' 한 사람으로 충분히 존재할 수 있는걸요.

"젊은 사람들은 부디 이 세상이 얼마나 끔찍한지 모르고 살아야 할 텐데 말이다."

소설에서 제인 마플은 이런 말을 한 바 있습니다. 그런데 어쩌죠? 여러분도 알다시피 그가 말하는 '젊은 사람들'이 살아가는 지금 이곳에서는 하루가 멀다 하고 끔찍한 범죄가 일어나고 있잖아요. 지금의 상황을 그가 알게 된다면 뭐라고 할까요?

"나보고 뜨개질만 해 대는 오지랖 넓은 늙은이라고 했지? 늙은이가 뭐 어때서! 젊은이들은 평생 젊을 거 같아? 그리고 손을 움직여서 하는 뜨개질이 지능 발달에 얼마나 효과적인데. 오지랖도 나쁜 것만은 아니에요. 날 봐요. 사람과 세상에 대한 관심, 사회적 네트워크, 소통 능력이 있으니 나쁜 놈도 잡잖아. 물론 나도 잘 알아요. 다른 사람의 이야기를 듣더라도 그의 프라이

버시는 지켜 줘야 한다는 거. 선을 넘지 않는 게 내 철칙이라우.

혹여 고민거리나 비밀 있으면 나한테 털어놔. 내가 이래 봬도 꽤

잘나가던 명탐정이었거든. 비밀 보장 완벽하게 해 줄게!"

✳ 30

너도 나처럼,
네 멋대로 한번 해 봐!

『내 이름은
삐삐 롱스타킹』
삐삐

"왜 뒤로 걷느냐고? 여기는 자유로운 나라잖아.
내가 걷고 싶은 대로 걸으면 안 된다는 법 있어?"

"초등학교 고학년이나 됐으면 이 정도는 알아야 되는 거 아니니?"

"중학생이면 중학생답게 행동해라."

여러분도 들어 본 적 있는 잔소리일 거예요. 이런 소리를 듣고 기분 좋을 사람은 아마 없을 겁니다. 그런데 참 이상하죠? 이런 말을 들으면 상대 말대로 행동해야겠다는 생각보다는 오히려 반대로 엇나가고 싶은 반항심이 생깁니다. '쳇! 어른답게 행동한다는 게 대체 뭐야!' 하고 말이죠. 저 역시 숱한 잔소리 앞에서 반감 섞인 독백을 내뱉던 적이 꽤 많습니다. 물론 실제 행동으로까지 그 반항심을 드러내지는 못했고요.

손윗사람답게, 학년에 맞게, 나이에 맞게 행동하라는 어른들 말에 "흥!" 콧방귀를 뀌며 내 멋대로 행동하고 싶어질 때가 있죠. 그럴 때마다 이 캐릭터가 떠오르곤 합니다. 주근깨 가득한 얼굴, 제멋대로 땋은 양 갈래 머리, 늘 양쪽 색깔이 다른 양말을 신고 다니는 그의 이름은 바로 '삐삐'입니다.

삐삐는 스웨덴의 작가 아스트리드 린드그렌이 『내 이름은 삐삐 롱스타킹』(이하 『삐삐』)이라는 책에서 창조한 캐릭터입니다. 출간한 지 70년이 훌쩍 넘었지만 참 많은 사람이 '인생의 책'으로 『삐삐』를 꼽곤 해요. 그 이유가 뭘까요?

여러 이유가 있겠지만 아마도 삐삐가 우리 마음속 '제멋대로' 심리를 대변해 준다는 점이 가장 크지 않을까 싶어요. "쳇! 어른답게 행동하는 게 대체 뭐래요?" 이런 말쯤은 아무렇지 않게 내뱉을 수 있는 삐삐만의 솔직함이 매우 멋지게 느껴지거든요.

☆

삐삐는 혼자 사는 아이입니다. 엄마는 그가 갓난아기였을 때 돌아가셨고, 선장이었던 아빠는 폭풍우가 치던 어느 날 바다에서 행방불명됐죠. 하지만 삐삐는 엄마가 하늘의 천사로, 아빠가 식인종 섬의 왕으로 살고 있을 거라 믿습니다. 현실에서 부모가 없으면 '불쌍한 아이'라는 꼬리표가 붙곤 하지만 동화 속 삐삐는 전혀 불행해 보이지 않습니다. 부모님 잔소리 들을 일이 없으니 일상이 즐거워 보이기도 해요. 정의로운 면도 있어서 약한 친구들을 괴롭히는 불량한 소년들이나 동물에게 함부로 대하는 이들을 혼내 주기도 합니다.

삐삐는 가진 것이 참 많아 보여요. 힘이 무척 세서 말 한 마리 정도는 거뜬히 들어 올릴 수 있죠. 아버지가 남긴 금화가 잔뜩 있어 돈 걱정도 없습니다. 여기에 이야기 꾸며 내는 재주까지 있으니 심심하지도 않아요. 사실 어른들 말에 꼬박꼬박 말대꾸도 곧잘 하는 삐삐가 현실에 존재했다면 어른들에게 '버릇없다' '제멋대로다' '악동 같다'는 소리를 꽤나 들었을 겁니다.

하지만 삐삐가 남긴 어록을 곱씹어 보면 "그것참 맞는 말이네!" 소리가 절로 나오게 됩니다. 어린이집에 억지로 데려가려고 하는 경찰에게 한 말이 뭐였을까요?

"난 이미 어린이집에 살고 있는걸요. 난 어린이이고 여긴 제 집이에요. 그러니까 이 집은 어린이집이죠. 이 집은 나 혼자 살고도 남을 만큼 넓어요."

읍내의 화장품 가게에서 '주근깨 때문에 고민이 많으십니까?'라고 광고하자 가게로 불쑥 들어가 이렇게 외치기도 하죠.

"주근깨 문제로 고민 안 해요!"

삐삐의 말에는 특유의 거침없음, 당당함, 유쾌한 상상력, 순

발력과 재치가 가득 담겨 있습니다.

"왜 뒤로 걷느냐고? 여기는 자유로운 나라잖아. 내가 걷고 싶은 대로 걸으면 안 된다는 법 있어?"

어느 날, 뒤로 걷는 삐삐에게 친구 토미와 아니카가 그 이유를 묻자 삐삐가 한 대답입니다. 삐삐는 "이집트에서는 누구나 이렇게 걷는다."는 거짓말을 꾸며 대기도 하지만 그럼 좀 어때요? 삐삐 말처럼 걷고 싶은 대로 걸으면 안 된다는 법도 없잖아요. 이렇게 우리가 상상만 하던 일들을 실제로 펼쳐 보이는 삐삐를 보면 묘한 쾌감이 느껴집니다. 일종의 대리만족도 해 보게 되고요.

그런데 아스트리드 린드그렌이 이 책을 쓸 당시에는 원고를 책으로 내주겠다고 나서는 출판사가 없었다고 해요. 제멋대로 굴고, 어른들을 놀려 먹으며, 거짓말도 일삼는 아이 캐릭터가 동화에 등장해도 되냐는 걱정과 편견이 있었기 때문이겠죠. 물론 책이 출간되자 아이들은 엄청나게 열광했어요. 제가 느낀 것처럼 자기 할 말 다 하고, 어른들을 골려 주기도 하는 삐삐에게서 속 시원함을 느꼈던 거겠죠?

"자유롭게 상상하고, 자유롭게 꿈꾸라!"

세상은 아이들에게 이런 덕담을 종종 하지만 실제 상상하고, 꿈꿀 자유를 부여받는 아이들은 많지 않아 보여요.

"그런 거 하지 말아라!"

"조용히 있어!"

"얌전히 굴어야지."

많은 어린이가 이런 소리를 듣고 자랍니다. 청소년이 되고 어른이 되어서도 계속 비슷한 소리를 들어야 하죠. "어른답게"라거나 "나이에 맞게!" 같은 말들에 가슴이 턱 막히기도 합니다.

그런 우리에게 삐삐는 마음껏 크게 소리 질러 볼 마음의 여유를 선사하는 친구입니다. 삐삐라는 친구에 기대 오늘도 시원하게 외쳐 봅니다.

"그치? 내 멋대로 행동하면 안 된다는 법 있어?"

31

나를 진정으로 사랑하고
타인과 세상을 이해하는 법

〈작은 아씨들〉
마거릿 마치
(네 자매의 어머니)

"어떤 천성들은 억누르기에는 너무 고결하고,
굽히기엔 너무 드높단다."

•

〈작은 아씨들〉
마거릿 마치
(첫째 딸 메그)

"네 꿈과 내 꿈이 다르다고 해서
중요하지 않은 건 아니야."

'용감한 수호자'(ISFJ)형? '자유로운 영혼의 연예인'(ESFP)
형? 여러분의 MBTI는 어떤 유형인가요?

사람들 사이에서 MBTI 유형을 알아보는 것이 유행을 넘어
이제는 아주 익숙한 현상이 된 것 같아요. 상대와 친분이 쌓이면
"혹시 MBTI가 뭐예요?"라고 궁금한 마음에 물어보게 되더라
고요. 성격유형검사로 불리는 MBTI는 복잡한 우리 자신 그리
고 타인의 성격 등을 쉽게 이해하게 해 주는 도구입니다. 이를 통
해 누군가의 강점, 약점 그리고 다른 이와의 궁합(우리가 흔히 '케
미'라고도 하는)을 살펴볼 수 있어 재밌기도 해요.

2019년 그레타 거윅 감독이 연출한 〈작은 아씨들〉이 개봉했

을 때 문득 이 영화 속 여성 캐릭터들의 MBTI 유형은 각기 어떠할까 궁금해졌어요. 이 영화에는 네 명의 자매가 등장하는데요. 한 부모 아래 태어나 같은 환경에서 자랐지만 각기 다른 성격을 소유했고, 서로 다른 삶의 선택지를 찾는 자매들을 보면 이런 질문이 남습니다.

'이 중 나 닮은 캐릭터는 누굴까?' 그리고 '나라면 어떤 선택을 했을까?'

☆

남북전쟁이 한창이던 19세기 미국을 배경으로 하는 이 영화는 미국의 소설가 루이자 메이 올컷이 쓴 자전적 소설『작은 아씨들』을 원작으로 하고 있어요. 1868년 탄생한 이 소설은 그간 영화뿐 아니라 텔레비전 시리즈, 뮤지컬, 오페라 등 다양한 장르로 만들어져 왔는데 그레타 거윅이 연출한 작품은 특히 더 호평을 받았습니다.

마치 일가의 네 자매가 살던 1860년대 미국 사회 분위기가 어땠는지는 자매들의 대고모가 했던 말에서 짐작할 수 있어요.

"여자는 결혼을 잘해야 한다."

여성의 운명과 행복이 남성에 달렸다고 생각했던 시절이었지만 자매들 중 당시 사회가 정답이라 제시한 길을 선택한 이는 아무도 없습니다. 가난하지만 사랑하는 남자와의 결혼을 택한 마거릿(애칭 메그), 자신이 원하는 삶을 위해 사회 통념과 맞서는 조세핀(애칭 조), 동생을 떠나보낼 생각에 슬퍼하는 언니를 위로하며 자신의 죽음을 담담히 받아들이는 엘리자베스(애칭 베스), 자신의 사랑을 스스로 선택하는 에이미. 영화는 이들 자매의 4인 4색 삶이 저마다 가치 있게 빛남을 알려 줍니다.

영화의 중심에 있는 인물은 둘째 딸 조입니다. 그는 활달하면서 솔직한 성격의 소유자입니다. 영화는 조가 소설 원고를 들고 출판사를 찾는 장면으로 시작합니다. 그는 여성이라는 이유로 마음껏 글을 쓰지 못할 것이고, 주체적으로 생계를 꾸려 갈 수 없다고 생각하던 당대 분위기에 염증을 느낍니다. 작가가 되겠다는 그의 간절한 꿈은 여성도 자기 생각을 표현할 줄 알고 이를 갈망한다는 사실을 상징하는 것도 같습니다.

"여자도 감정뿐 아니라 생각과 영혼이 있어요. 전 사람들이 여자에게 사랑이 전부라고 말하는 게 지긋지긋해요."

조는 어머니에게 이런 말을 합니다. 그의 말은 19세기 당시의 미국 사회 가치관을 정면으로 거역하는, 어떻게 보면 도발적인 발언 같기도 합니다.

☆

실제 조는 작가이면서 여성 참정권 운동에 참여했던 원작자 루이자 메이 올컷이 자신을 투영한 캐릭터라고 합니다. 그런데 그레타 거윅의 영화에서 조는 "지긋지긋해요."라는 말에 더해 "하지만 너무 외로워요."라는 표현을 덧붙입니다. 누구를 사랑하고, 사랑받고자 하는 욕망 그리고 외로움이라는 감정은 성별을 떠나 누구에게나 있을 수 있음을 솔직하게 드러낸 장면이라고 생각해요. 저는 조가 갖고 있는 이런 솔직함과 당당함이 멋지게 느껴지는 동시에 그가 부럽기도 합니다.

영화 속 네 자매의 대사 중에는 기억해 두고 싶은 것들이 참 많은데요. 그중에서도 메그가 남긴 한마디를 손꼽고 싶습니다. 가난한 가정 교사와 결혼하지 말 것을 권하는 동생에게 언니 메그가 남긴 말을 여러분에게 들려줄게요.

"네 꿈과 내 꿈이 다르다고 해서 중요하지 않은 건 아니야."

사람마다 느끼는 행복의 기준과 꿈의 가치는 다 다를 수 있습니다. 사랑하는 사람이 선택한 길이 여러분 기준에 조금 아쉽게 느껴지더라도 그의 미래를 묵묵히 응원해 주는 것이 그를 진정으로 사랑하는 방법일 거고요. 메그의 말은 사랑을 이유로 타인의 인생을 함부로 재단해서는 안 된다는 가르침을 담고 있습니다.

☆

　이런 명언들을 줄줄이 남긴 자매는 대체 어떤 부모 밑에서 자란 걸까요? 사실 이 영화에서 여러분이 가장 주목했으면 하는 인물은 네 자매의 어머니, 마거릿 마치입니다. (흥미롭게도 그의 본명은 첫째 메그의 본명과 같습니다.) 그는 남편을 전쟁터에 보내고 어려운 환경에서 네 자매를 키우면서도 자신보다 더 힘든 이웃을 돌보는 사람이에요.

　자신의 작품을 불에 태운 막내 에이미에게 화낸 후 자책하는 둘째 조에게 그가 해 준 말은 또 얼마나 아름다운지요.

　"나도 날마다 화가 나지만 다스리고 있는 거야. 너는 엄마와는 다른 방법을 찾으면 좋겠어. 어떤 천성들은 억누르기에는 너무 고결하고 굽히기에는 너무 드높단다."

　어머니는 조가 당대 사회에 순응하기에는 너무나 뜨거운 열정과 가능성으로 똘똘 뭉친 사람임을 알고 있었겠죠? 그가 딸에게 건넨 이 말은 자기 삶을 당당하게 선택하고, 도전하는 딸들에게 보내는 응원처럼 느껴집니다. 네 자매가 각자의 길을 선택하기까지는 어머니의 믿음과 응원이 바탕에 있었겠구나 하는 생각도 해 보게 되고요.

　"사람마다 MBTI 유형이 다르듯, 삶의 정답은 각기 다를 수 있어. 다만, 나만의 정답을 찾는 주체는 나여야 한다. 꾹꾹 참지 말고 네 마음을 따르렴. 네 고결한 천성을 부정하지 말고, 너만의 길을 당당하게 선택해 봐."

네 자매의 어머니, 마거릿이라면 우리에게 이런 이야기를 들려주지 않을까요?

32

백마 탄 왕자?
내 운명은 내가 개척할 생각이야!

"무엇이 닥쳐오든 상관없어.
나는 길을 알고 있어."

"내 마음의 소리에 귀를 기울여 보세요."

혹시 이런 말 들어 본 적 있나요? 저는 이 말을 참 좋아합니다. 이런저런 고민으로 힘들어하는 지인들에게 "그럴 때는 네 마음의 소리를 잘 따라가 봐."라고 종종 말해 주기도 해요.

흔히 '고전'이라 부르는 이야기들에는 이렇게 자기 마음의 소리에 귀를 기울이고, 주어진 운명(길)을 개척하려고 노력하는 주인공이 등장합니다. 옛날이야기 속에서 영웅이라 불렸던 이들 주인공은 대부분 남성이었어요. 반면 여성은 종종 '백마 탄 왕자'로 상징되는 남성의 도움을 받아 어려운 상황을 헤쳐 나가는 캐릭터로 그려지곤 했습니다. 그리고 이런 이야기들 대다수는 "그래서 둘은 오래오래 행복하게 잘 살았습니다."라고 끝을 맺었죠. 『잠자는 숲속의 공주』가 그랬고, 『신데렐라』와 『백설공주』도 마찬가지였어요.

최근 미국 영화 제작사 월트 디즈니가 내놓는 애니메이션에 좀 더 적극적으로 자기 내면의 소리에 귀를 기울이고, 자신의 운명을 스스로 개척하려 하는 여성 캐릭터가 속속 등장합니다.

디즈니가 2016년에 만든 애니메이션 〈모아나〉의 주인공 모아나도 '주체적으로 나를 발견하고, 자신의 운명에 맞서는 여성 영웅'으로 빼놓아선 안 될 인물이에요. 그는 남태평양 모투누이섬에 사는 족장의 딸입니다. 모아나는 아버지 뒤를 이어 족장이 되기로 예정되어 있었죠. 하지만 바다와 교감하면서 저주로 죽어 가는 섬을 구하기 위해 먼 길을 떠나야 하는 것이 자신의 운명임을 알게 됩니다. 모아나는 바람과 바다의 신 마우이와 함께 항해를 떠납니다. 이야기는 모아나와 반신반인 마우이가 공동체를 구하기 위해 바다로 떠나며 벌어지는 모험을 그리고 있죠.

남성 캐릭터인 마우이가 "잘 차려입고, 동물과 함께 다니면 다 공주다."라고 비꼬지만, 모아나는 "난 공주가 아니라 족장의 딸이야."라는 자신의 말을 행동으로 증명해 보입니다.

모아나는 백마 탄 왕자를 기다리는 공주가 아닌 족장의 후계자로서 마을 일에 적극적으로 관심을 기울이고 참여합니다. 그는 자기 앞에 놓인 문제들을 스스로 해결하고자 노력하는 모험심 넘치는 캐릭터죠. 고전 애니메이션 여성 캐릭터와 비교하면 매우 진취적인 여성상을 그려 냈다고 볼 수 있습니다. "바다 밖으로는 절대 갈 수 없다."는 아버지의 반대에 포기하지 않고 자신의 뜻대로, 섬의 미래를 모색하기 위해 먼 길을 떠난 걸 보면 그는 단순한 후계자가 아닌 새로운 리더입니다.

마우이라는 캐릭터가 조력자로 등장하지만, 모아나가 마냥 그의 도움만 받지 않는다는 점도 참 신선합니다. 모아나는 일방적으로 그에게 빚지지 않고 오히려 그의 성장에 힘을 보태기도 하거든요. 위기 상황에서 모아나를 돕는 건 탈라 할머니라는 캐릭터와 푸른 바다입니다. '여성' 그리고 '자연'이 모아나가 난관을 헤쳐 나갈 수 있도록 돕는다는 이러한 설정을 '여성과 사회의 연대'로 보는 시각도 있어요.

☆

애니메이션에서 모아나가 부른 노래 '나는 모아나(I Am Moana)'에는 주인공 모아나가 우리에게 전하고자 하는 메시지가 잘 담겨 있어요. 섬에서 태어난 한 소녀가 내면의 목소리 그리고 바다의 소리를 듣고 비로소 자신을 찾게 되었다는 내용이죠. 모아나는 "나를 부르는 소리는 밖이 아닌 안에서 들려온다."면서 "무엇이 닥쳐오든 상관 없고, 나는 길을 알고 있다."고 이야기합니다.

이는 우리에게 어떤 삶을 살길 원하는지 내 마음의 소리에 귀를 잘 기울여 보라는 제안 같기도 합니다. 그리고 우리 앞에 어떤 어려움이 닥쳐도 잘 헤쳐 나갈 수 있는 용기가 생길 것이라고 응원해 주는 듯합니다.

〈모아나〉는 "그래서 둘은 오래오래 행복하게 잘 살았습니다."가 아닌 "내가 발견해 낸 '나'라는 존재는 그래서 행복합니다."라고 말하는, 새로운 여성 영웅 서사입니다. 그래서 더욱 반가웠어요. "난 누구일까?"라는 질문으로 고민하는 분들이 있다면 모아나를 소개하고 싶어요. "난 공주 아니고,

모아나야! 모아나 그 자체라고! 근데 넌 누구니?"라는 모아나의 물음 탓에 처음에는 당황할 수 있어도 너무 걱정 마세요. 모아나를 통해 곧 자신 있게 답할 방법을 찾을 테니까요.

＊ 33

어떤 말은,
너무 신경 쓰지 않아도 돼

혹시 "모난 돌이 정 맞는다."는 말 들어 본 적 있으신가요? 두각을 나타내거나 너무 강직한 사람은 공격을 받기 쉽다는 의미예요. 일상에서는 남들과 조금 다른, 눈에 띄는 행동을 하는 이들에게 "평범이 미덕이고, 너 자신에게도 좋은 것"이라는 의미로 "모난 돌처럼 굴지 마!"라고 충고하는 이들도 많습니다.

다름의 가치가 존중되지 않는 사회나 가정 분위기 속에서는 조금이라도 남다른, 튀는 면이 있다는 것이 불행이 될 수도 있어요. 애니메이션 〈겨울왕국〉은 이를 잘 보여 주는 작품이 아닐까 싶습니다. '렛 잇 고'(Let it go)로 유명한 그 애니메이션 말이죠.

아렌델 왕국에는 엘사와 안나라는 사이좋은 두 공주가 살고 있어요. 언니 엘사에게는 남들에게 없는 특별한 능력이 있습니다. 모든 걸 얼려 버릴 수 있는 능력이죠. 그런데 어느 날 언니의 마법이 잘못 힘을 발휘한 탓에 동생이 다치는 일이 일어납니다. 왕(아버지)과 왕비(어머니)는 엘사가 가진 마법의 힘을 비밀에 부치도록 합니다. 엘사는 아버지에게 "숨겨라." "느끼려 하지 마라." "사람들이 모르게 하라."는 말을 듣고 오랜 시간 방 안에서 홀로 지냅니다.

아마도 엘사의 부모님은 딸이 가진 특별한 힘을 감추는 것이 아이를 위해 좋을 것이라고 판단했을 거예요. 이 힘이 행여 또다시 잘못 발휘될까 봐 그리고 이런 힘을 가졌다는 이유로 엘사가 세상의 손가락질을 받게 될까 봐 걱정도 됐겠죠.

마음의 문을 굳게 닫고 지낸 엘사는 왕과 왕비가 죽자 장례식에도 참석하지 못합니다. 그러다 스물한 살이 되어 여왕으로 즉위하기 위해 사람들 앞에 나서게 되죠. 마치 우리가 언젠가는 부모 품을 떠나 독립해 세상으로 나아가야 하는 것처럼 말이죠. 홀로 시간을 보내 왔다고 해서 엘사가 마법의 힘을 자유롭게 통제하게 된 건 아니었어요. 엘사는 그날 처음 만난 남자와 결혼하겠다고 말하는 동생 안나를 보며 자기도 모르게 마법을 발휘해 아렌델을 꽁꽁 얼어붙게 만들죠.

☆

    엘사가 과거의 아팠던 기억을 잘 털어 버리고, 자신이 가진 마법의 힘을 잘 통제하고, 발휘하는 법을 배웠다면 어땠을까요? 아마 엘사는 더 이상 두려워하지 않았을 것이고, 아렌델 왕국이 꽁꽁 얼어붙는 일도 일어나지 않았을지 몰라요. 그런 점에서 저는 〈겨울왕국〉을 "튀어선 안 돼!" "너무 나대지 마." "또 실수했잖니." 이런 소리를 자주 하는 부모님들이 보시면 좋겠다는 생각을 많이 했어요. 자녀를 어떻게 바라보고, 교육하느냐에 따라 그의 '다름'은 부정적이거나 숨겨야 할 것이 아닌, 멋진 개성이나 재능이 될 수도 있겠죠. 물론 꼭 어떤 재능으로 발전하지 않더라도 누군가의 '다름'은 그것 자체로 존중받아야 하고요.

    다행히도 우리의 주인공 엘사는 어느새 꽁꽁 감춰 뒀던 자신을 세상 앞에 활짝 펼쳐 보입니다. 엘사가 눈보라 치는 설산에서 두려움을 벗고 자신의 힘을 펼쳐 보이는 장면, 기억하시나요? 그가 용기 있게 노래를 부르는 순간, 관객 가슴도 벅차올랐죠. '그래, 너 자신과 너만이 가진 특별한 힘을 보여 주어도 돼. 괜찮아.' 이런 말이 절로 나오는 순간이기도 했어요. 물론 엘사가 용기를 내는 데는 동생 안나의 사랑이 큰 힘이 되었죠.

☆

〈겨울왕국〉의 특별함은 주체적으로 자신의 상황을 고민하는 공주가 등장한다는 데 있기도 해요. 〈신데렐라〉〈인어공주〉 등 공주가 등장했던 과거 고전 애니메이션을 보면 문제 해결의 열쇠는 왕자 또는 다른 조력자가 갖고 있는 경우가 대부분이었잖아요. 그런 점에서 엘사는 자신의 문제와 상황을 고민하는 주체적인 캐릭터로 그만의 존재감을 드러냅니다.

엘사가 용기를 내는 데는 동생 안나의 역할도 빼놓을 수 없어요. 따뜻하고 배려심 넘치는 성격의 소유자인 안나는 언니의 특별한 능력으로 인해 상처를 입기도 했고, 여러 사건에도 얽히지만 언니에 대한 변치 않는 마음과 사랑, 믿음을 소유한 캐릭터죠. 이렇게 따스한 '자매애'를 보여 주었다는 점에서도 〈겨울왕국〉은 특별함이 있는 작품입니다.

다시 엘사 이야기로 돌아가 볼까요? 많은 이가 〈겨울왕국〉 하면 엘사가 부른 노래 '렛 잇 고'(Let it go)를 떠올립니다. 잘 생각해 보면 이 노래 안에는 엘사가 우리에게 전하는 메시지가 담겨 있는 듯해요. 렛 잇 고(Let it go)는 "신경 쓰지 않아도 돼." "내버려 둬." 등으로 해석할 수 있죠. 이는 마법의 힘이 세상에 알려질까 전전긍긍했던 엘사가 두려움과 공포심을 던져 버리고 자유로워지겠다는 말로 들리기도 합니다.

　그래서인지 이는 "무난하고 평범한 게 미덕이다." "튀지 마라." 이런 말에 억눌려 지내는 이들에게 선물하고픈 노래입니다. 만약 '나도 저런데……'라는 생각이 든다면 엘사의 노랫말을 떠올려 보세요. 우리가 듣는 어떤 말들 중에는 너무 신경 쓰지 않아도 되는, '렛 잇 고'(Let it go) 해도 되는 말들이 생각보다 많답니다.

헉!

예, 예리하시네요.

이 모든 이야기가
여러분의 목소리로 이어지기를

서른여덟 명 여성 인물들의 목소리, 잘 들어 보셨나요? 저는 어땠을 까요? 사실 책을 쓰면서 제 생각과 태도는 많이 달라졌어요. 한 해 한 해 시간이 흐를수록 삶에 대한 두려움은 커지고, 도전에 대한 의지가 꺾일 때도 있었는데요. 이들의 이야기에 귀를 기울이는 동안 생각의 폭은 넓어지고, 마음은 단단해진 느낌이에요.

이야기를 시작하면서, 여러분이 반드시 무엇이 되어야 한다는 부담은 느끼지 않기를 바란다고 당부했죠? 사실 '무엇이 될 것인가?'라는 고민은 '어떻게 살면 좋을까?'에 대한 답을 찾으면 언젠가 해결되게 마련이에요. 그런 점에서 이 책이 여러분 삶 속 '어떻게?'에 대한 작은 힌트를 주었다면 더없이 기쁠 것 같습니다.

사실 이들 삶에도 아쉽고, 부족한 점이 있을 수 있어요. 그럼에도 자기 분야에서 삶의 장면 장면을 통해 세상을 멋지게, 용감하게, 당당하게, 새롭게 살아 보려고 한 인물들을 통해 여러분이 건강한 에너지를 얻고 생각을 전환해 보면 좋겠어요.

마지막으로 한 가지!

훗날 여러분도 누군가의 삶에 길잡이 역할을 할 수 있다는 점을 잊지 않았으면 합니다. 이 책 속 인물들의 목소리가 여러분의 것이 되어 또 다른 사람들에게 깊이 가닿기를 바라며!

2022년 새로운 봄,

김 청 연

그래, 아직 늦지 않은 거야.
실패하고 넘어지고 좌절해도, 다시 해 보지 뭐.
급하게 마음 먹지 말고 차근차근.

내 이야기는 이제 시작이니까.

☆ **1장 시작해 보겠습니다, 세상을 향한 첫걸음**

책

- 김이경 글, 윤석남 그림, 『싸우는 여자들, 역사가 되다』, 한겨레출판, 2021
- 임복남 글, 민영숙 그림, 『우리나라 최초의 여성 파일럿 권기옥』, 작은 씨앗, 2007
- 박세경 글, 김세진 그림, 『우리나라 최초의 여성 비행사 권기옥』, 두레아이들, 2021

기사, 웹, 영상 콘텐츠

- 김재희, "원조 비행 소녀 아멜리아 에어하트", 한겨레21, 제580호
- 오수정, "'여자라는 이유로' 42.195km를 뛰는 데 걸린 120년", 한국일보, 2017.03.29
- "여성과 마라톤 이야기_1 〈캐서린 스위처〉", 여성신문 네이버포스트, 2020.02.12
- 문경란, "교과서엔 없다, 달릴 자유 위해 싸운 여성들의 역사", 여성신문, 2021.05.12
- 유기현, "영화 '아고라'로 보는 여성 수학자, 히파티아", 한겨레, 2011.04.04
- 이로사, "산에는 유리 천장이 없다", 한겨레21, 제1138호
- 신영철, "작은 거인 다베이 준코 잠들다", 사람과 산, 2007.01
- 조인우·윤해리, "권기옥은 누구… 1925년 한국인 최초 여자 비행사", 뉴시스, 2019.02.23

☆ **2장 만들어 보겠습니다, 함께하는 더 나은 세계**

책

- 레이첼 카슨 글, 김은령 역, 홍욱희 감수, 『침묵의 봄』, 에코리브르, 2011
- 제인 구달 글, 박순영 역, 『제인 구달-침팬지와 함께한 나의 인생』, 사이언스북스, 2005
- 아스트리드 린드그렌 글, 스티나 비르센 그림, 이유진 역, 『폭력에 반대합니다』, 위고, 2021

기사, 웹, 영상 콘텐츠

- "메리 시콜의 초상화", 지식채널-e, EBS, 2006.08.28
- 심재우, "침팬지 연구의 대가 제인 구달 방한 인터뷰", 중앙일보, 2003.11.09
- 박구재, "마리아 몬테소리… 이탈리아 첫 여의사, 어린이 눈높이 교육 앞장", 경향신문, 2015
- 김종효, "64년 전 오늘… 몬테소리, 여성과 아이의 불행 짊어지고 잠들다", 머니투데이, 2016

☆ 3장 목소리를 내겠습니다, 부당함에 맞서

책
- 김이경 글, 윤석남 그림, 『싸우는 여자들, 역사가 되다』, 한겨레출판, 2021
- 데이비드 로버츠 글·그림, 신인수 역, 이진옥 감수, 『서프러제트 세상을 바꾼 여성 참정권 운동가들』, 대교북스주니어, 2021

기사, 웹, 영상 콘텐츠
- 장은하, "루스 베이더 긴즈버그의 위대하고도 개인적인 유산", 여성신문, 2020.09.21
- 국사편찬위원회 한국사데이터베이스, "乙密臺上의 滯空女, 女流鬪士 姜周龍 會見記", 『동광』, 제23호, 1931.07.05

☆ 4장 계속해 보겠습니다, 나다운 방식으로

책
- 버지니아 울프 글, 이미애 역, 『자기만의 방』, 민음사, 2006
- 박남옥 글, 『박남옥 한국 첫 여성 영화감독』, 마음산책, 2017

기사, 웹, 영상 콘텐츠
- 마리아 피터스 감독, 영화 〈더 컨덕터〉, 네덜란드, 2019

☆ 5장 간직하겠습니다, 힘을 건네는 이야기들

책
- 루시 모드 몽고메리 글, 조디 리 그림, 김경미 역, 『빨강 머리 앤』, 시공주니어, 2015
- 백영옥 글, 『빨강머리 앤이 하는 말』, arte(아르테), 2016
- 아스트리드 린드그렌 글, 잉리드 방 니만 그림, 햇살과나무꾼 역, 『내 이름은 삐삐 롱스타킹』, 시공주니어, 2017

기사, 웹, 영상 콘텐츠
- 후지TV 제작, 드라마 〈빨강 머리 앤〉, 일본, 1979
- 영국ITV 제작, 드라마 〈아가사 크리스티: 미스 마플〉, 영국, 2013
- 베타 필름 제작, 드라마 〈말괄량이 삐삐〉, 스웨덴, 1969
- 그레타 거윅 감독, 영화 〈작은 아씨들〉, 미국, 2019
- 론 클레멘츠·존 머스커 감독, 애니메이션 〈모아나〉, 미국, 2017
- 크리스 벅·제니퍼 리 감독, 애니메이션 〈겨울왕국 1〉, 미국, 2014

기억해, 언젠가 너의 목소리가 될 거야

38명의 멋진 여성들이 들려주는 꿈과 용기와 도전의 말들

1판 1쇄 발행 2022년 3월 8일
1판 3쇄 발행 2023년 8월 18일

지은이   김청연

그린이   간장
편집   이혜재
제작   세걸음

펴낸이   이혜재
펴낸곳   책폴
출판등록 제2021-000034호(2021년 3월 15일)
전화   031-947-9390
팩스   0303-3447-9390
전자우편 jumping_books@naver.com

© 김청연, 2023

ISBN 979-11-976267-2-2 (43300)

너와 나, 작고 큰 꿈을 안고 책으로 폴짝 빠져드는 순간
책폴

블로그   blog.naver.com/jumping_books
인스타그램 @jumping_books